Der Duft von Zimt & Zedern

Verantwortlich: Stefanie Gückstock
Übersetzung, Satz, Redaktion und Korrektorat: VerlagsService Dietmar Schmitz GmbH
Umschlaggestaltung: Regina Degenkolbe unter Verwendung einer Illustration von shutterstock.com/Mystery Kit (Cover) und shutterstock.com/lena_melnikova (Umschlagrückseite)
Kreative Leitung: Maaike Koorman
Gestaltung: Annelies Dollekamp
Herstellung: Anna Katavic
Printed in Slovakia by Neografia

★★★★★

Sind Sie mit diesem Titel zufrieden? Dann würden wir uns über Ihre Weiterempfehlung freuen. Erzählen Sie es im Freundeskreis, berichten Sie Ihrem Buchhändler oder bewerten Sie beim Onlinekauf. Und wenn Sie Kritik, Korrekturen oder Aktualisierungen haben, freuen wir uns über Ihre Nachricht an Christian Verlag, Postfach 40 02 09, D-80702 München oder per E-Mail an lektorat@verlagshaus.de.

Unser komplettes Programm finden Sie unter

www.christian-verlag.de

Bildnachweis:
Alle Bilder des Innenteils stammen von Tanya Traboulsi, bis auf die im Bildnachweis (siehe Seite 266) aufgelisteten.

Die Deutsche Nationalbibliothek verzeichnet diese Publikation in der Deutschen Nationalbibliografie; detaillierte bibliografische Daten sind im Internet über http://dnb. d-nb.de abrufbar.

Titel der niederländischen Originalausgabe:
Beiroet. Verhalen en recepten uit een mediterrane stad

Die deutschsprachige Ausgabe wird von der Christian Verlag GmbH aufgrund Lizenzvereinbarung mit Nijgh Cuisine herausgegeben.

ISBN 978-3-95961-488-7

Merijn Tol

Der Duft von Zimt & Zedern

60 orientalische Rezepte aus der Levante-Küche Beiruts

CHRISTIAN

بيروت
BEIRUT

»You have your Lebanon and its dilemma.

I have my Lebanon and its beauty.

Your Lebanon is an arena for men from the West and men from the East.

My Lebanon is a flock of birds fluttering in the early morning as shepherds lead their sheep into the meadow and rising in the evening as farmers return from their fields and vineyards.

You have your Lebanon and its people.

I have my Lebanon and its people.«

Khalil Gibran

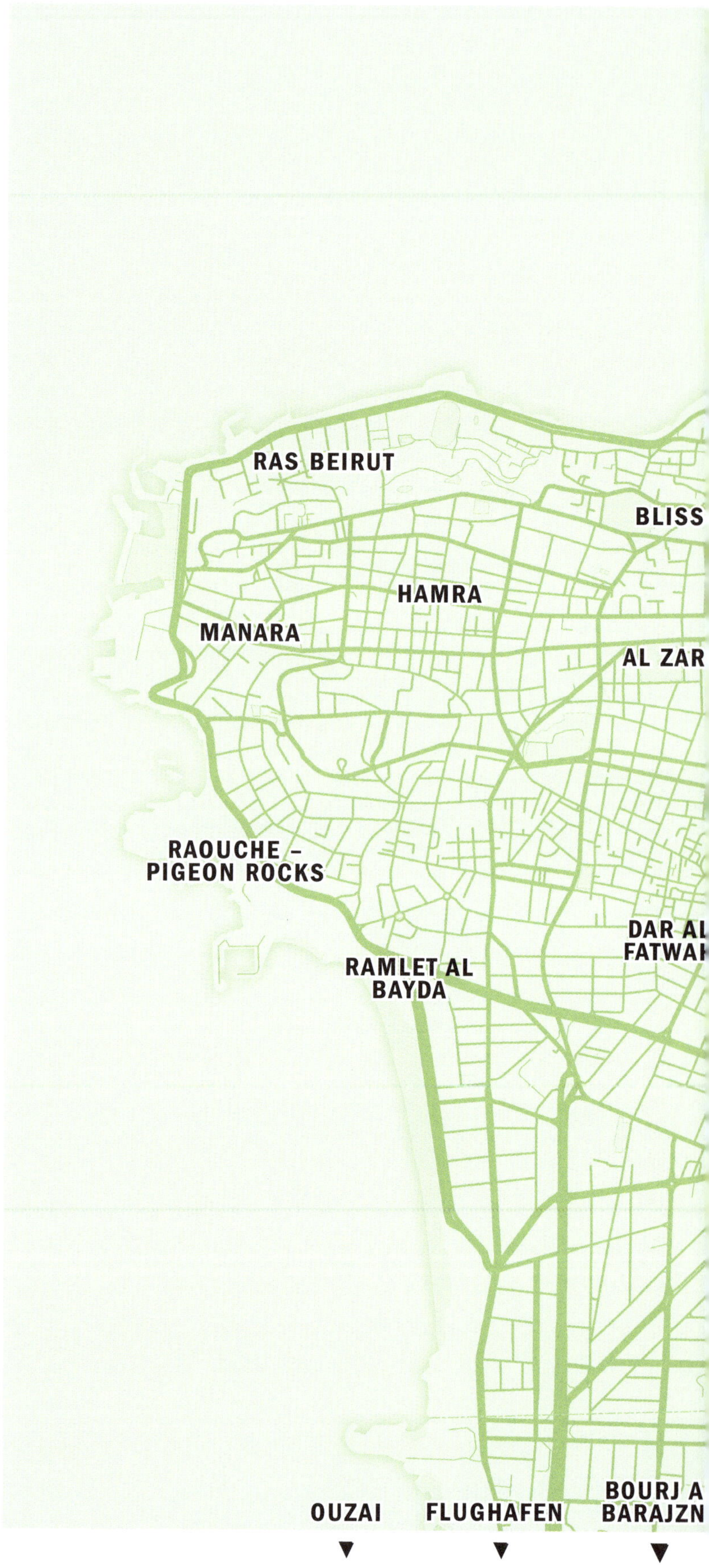

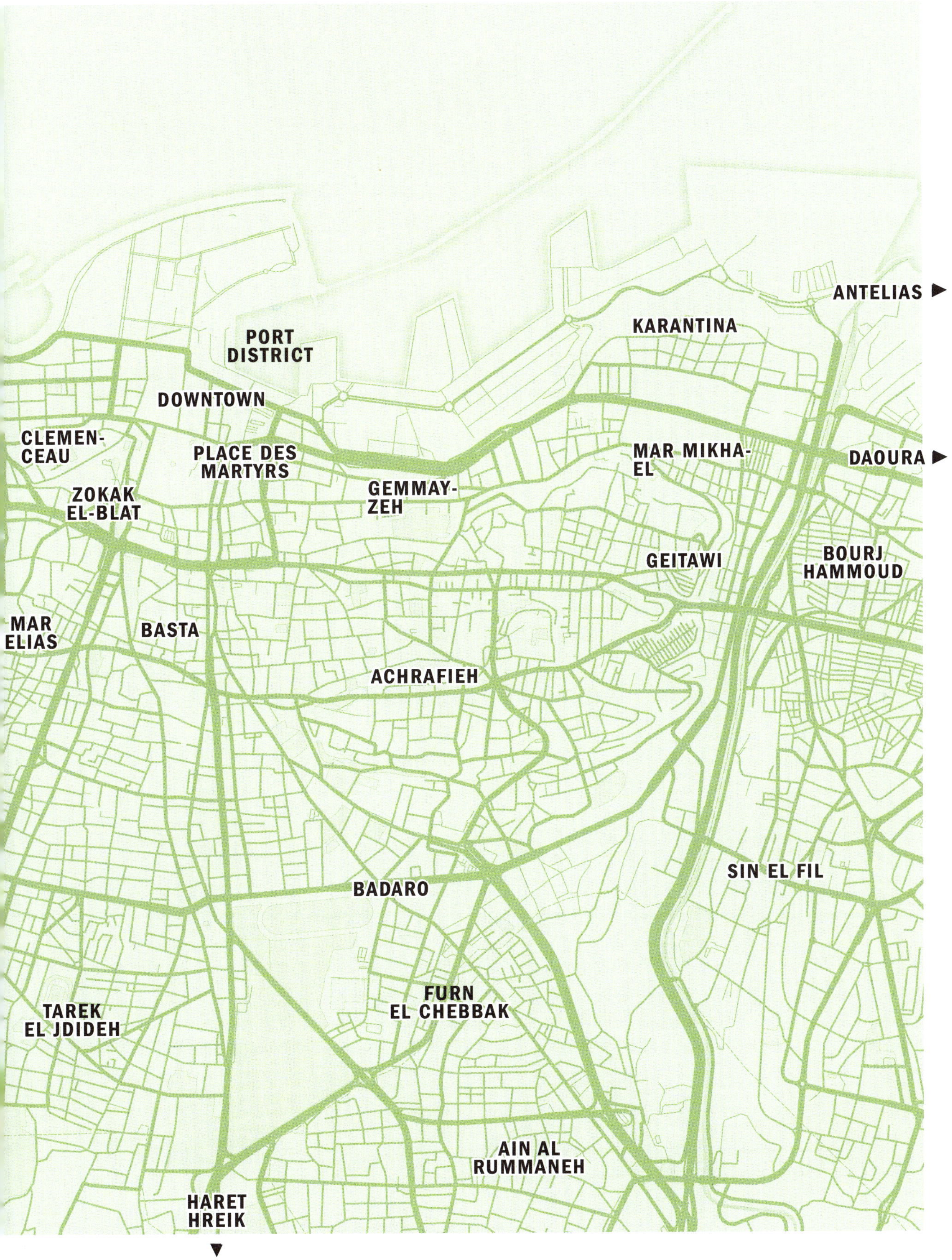

ANTELIAS ►
PORT DISTRICT
KARANTINA
DOWNTOWN
CLEMEN-CEAU
PLACE DES MARTYRS
MAR MIKHA-EL
DAOURA ►
ZOKAK EL-BLAT
GEMMAY-ZEH
GEITAWI
BOURJ HAMMOUD
MAR ELIAS
BASTA
ACHRAFIEH
SIN EL FIL
BADARO
FURN EL CHEBBAK
TAREK EL JDIDEH
AIN AL RUMMANEH
HARET HREIK
▼

Inhalt

EIN-LEI-TUNG

المقدمة

Vorwort

An einem lauen Sommerabend sitze ich mit meiner Verlegerin Miriam Brunsveld an einem Tisch in einem Restaurant in Amsterdam. Wir sprechen über mein neues Buchprojekt. Dabei kann es nur um ein Thema gehen. Sie hat so recht. Und wir nennen es beim Wort: Beirut.

Ich habe dieses Buch aus gutem Grund geschrieben: Um meine Liebe für diese Stadt auszudrücken, die so oft missverstanden wird. Um all ihre schillernden Facetten aufzuzeigen. Sie durch die Augen ihrer Bewohner und mit deren Küche darzustellen. Damit auch andere die erstaunlichen Aromen dieser Stadt genießen können.

Beirut ist eine eher kleine Metropole, die vor Lebensmitteln und Gewürzen aber nur so strotzt, und ihre Gastroszene ist eine bunte Mischung aus Tradition und Innovation. Sobald ich mich auch nur zwei Monate nicht in Beirut aufgehalten habe, sehen die Straßen bei meiner Rückkehr schon wieder ganz anders aus. Lokale und Bars öffnen und schließen am laufenden Band – Grund dafür ist die soziale Struktur der Stadt und des Landes. Um erstklassige Restaurants mit Seele zu etablieren, geführt von Küchenchefs, die gleichzeitig auch Eigentümer sind, braucht es eine starke bürgerliche Mittelschicht. Und daran mangelt es im Libanon. Es gibt einige großartige Köchinnen und Köche, aber keine ausgeprägte Restaurantkultur wie etwa in Amsterdam, London oder Paris. Die Konzepte der Lokale scheitern oft an den finanziellen Mitteln. Mit wenigen Ausnahmen.

Beirut (und übrigens der gesamte Libanon) besitzt seit jeher eine starke kulinarische Kultur. Sie wird vor Ort noch immer mit all ihrer reichen Geschichte gepflegt, sowohl in den traditionellen einfachen Lokalen, die es in Hülle und Fülle gibt, als auch in neuen Etablissements. In den Traditionsgaststätten ist es ein bisschen wie in italienischen Trattorien: Die *mamas* in der Küche managen den Service, und jede von ihnen hat erstklassige Rezepte. Hier lernt man nie aus und der Gaumen wird immer wieder überrascht. Egal, wie oft ich zu Besuch komme, entdecke ich immer wieder neue Köstlichkeiten. Alle wirken daran mit – Kulinarik durchzieht wie eine unterschwellige Konstante die Stadt. Die Taxifahrer sprechen darüber, und neun von zehn Passanten, denen man auf der Straße begegnet, ebenso.

Das libanesische Volk hat ein Faible für Kulinarik … Essen ist Leben. Mit Begeisterung teile ich dieses Leben. Und mit all der Liebe, die ich verspüre, versuche ich in diesem Buch, diese Stadt in Worte und Bilder zu fassen. Meine Entdeckungsreise ist noch lange nicht abgeschlossen, und vollständig kann dieses Buch niemals sein. Das wäre ein Ding der Unmöglichkeit. Ich beschränke mich bei den Adressen auf meine Favoriten in der lokalen Küche, und ich bin mir sicher, es gibt unzählige Restaurants, die es noch zu erkunden gilt (was für ein Glück!). Ich erzähle die Geschichten von Menschen, die ich gut kenne, und schreibe über ihre Beziehung zum Essen in dieser besonderen Stadt, über ihre Erinnerungen an das frühere und ihre Sicht auf das heutige Beirut.

Mit diesem Buch möchte ich meine Leserschaft buchstäblich mitnehmen in die Hauptstadt des Libanon. Für jedes Kapitel habe ich mithilfe diverser Freunde und Freundinnen ein Porträt eines Viertels oder Stadtteils erstellt. Anhand von Nahrungsmitteln und Gerichten erzählen Einheimische, wie sie in Beirut leben und arbeiten. Mit diesem Buch möchte ich einen authentischen Einblick in diese quirlige Metropole bieten, mitsamt ihrer verrückten Mixtur aus Tradition, Religion, Erneuerung, extremem Reichtum, erschütternder Armut, uraltem Konservatismus und modernem Liberalismus. Alles gewürzt mit einer großzügigen Prise Zatar. Am Ende jedes Kapitels finden sich Rezepte, mit denen ich Spezialitäten der Beiruter Küche vorstelle. Denn genau darum geht es: Leckeres, nein, leckerstes Essen. *Yallaaaaaaaaaaaa!*

Über die Rezepte

Dieser Stadt mit einer Handvoll Rezepten gerecht zu werden, wäre eine unmögliche Aufgabe

In den zwölf Jahren, in denen ich Beiruts Küchen und Tische kennenlernen durfte, wurde ich immer wieder aufs Neue überrascht. Nun habe ich einen liebevollen Versuch unternommen, all die Aromen zu beschreiben, die mir in diesem kulinarischen Wunder von Stadt so reichhaltig den Weg gewiesen haben. Was eigentlich unmöglich ist, denn natürlich musste ich mich beschränken, und darin bin ich sehr schlecht! Mit 60 Rezepten durch diese Stadt zu navigieren, ist eine Herausforderung …
Es kann sich also nur um eine Kostprobe handeln, um eine leckere kleine Auswahl aus einer unglaublich reichen Esskultur.

Tradition und Innovation

Der blumige Duft von Orangenblüten, der säuerlich frische Kick von Sumach, die faszinierenden Aromen von Kardamom, der herbe Anisduft von Arak: all dies kommt in so vielen Rezepten zum Einsatz, wie es Familien und Küchen in Beirut gibt. Vielleicht fühle ich mich am meisten mit all den kochenden Frauen in der Stadt verbunden. Sie haben mir ihre Rezepte beigebracht, und umgekehrt habe auch ich für sie gekocht. Ihre Komplimente, wenn sie meine Gerichte kosteten, ließen mich erröten und vor Glück erstrahlen. Oft waren sie auch streng, aber das gehört mit zur mediterranen Küche, genau wie bei italienischen *mamas*. Es ging für sie darum, zu akzeptieren, dass ich mit meinen Kreationen Beiruts kulinarische Traditionen feiern möchte, aber auch etwas hinzufüge, mein eigenes *je-ne-sais-quoi*, meine eigene Note. Oder eher ein *je-sais-quoi*, denn ich hoffe, dass mein Wissen um die Tradition in den Nuancen, die ich den Gerichten verleihe, deutlich wird. Ich hätte dies ohne die jahrelange Erfahrung all der großen Köchinnen und Köche, die diese Stadt zu bieten hat, nicht machen können. Meine Gerichte sind eine Hommage an sie!

Kochen mit Leidenschaft

Wer diese Rezepte nachkocht, sollte mit Liebe und Leidenschaft zu Werke gehen. Also abschmecken und nochmals abschmecken, lautet die Devise: Eine Prise mehr Salz, ein zusätzlicher Spritzer Zitronensaft – was immer man für notwendig oder schmackhaft erachtet, kann hinzugefügt werden. Machen wir es lecker! Und das Wichtigste: Lassen wir uns Zeit! Denn gut Ding will Weile haben. Das lehren uns die libanesischen und all die anderen mediterranen Küchen. Wenn es beim ersten Mal nicht so recht klappen will, gelingt es mit ein bisschen Übung garantiert. Es macht Spaß, verschiedenste Leute zu bekochen! Liebe Menschen, berühmte oder unbekannte Menschen, Menschen anderer Kulturen, alte und neue Freunde, Familie! Wie es das Leben bringt.

Einkaufen mit Freude

Ich kaufe am liebsten auf dem Bauernmarkt ein, wo ich aromatisches Saisongemüse sowie das beste Fleisch, den frischesten Fisch und die leckersten Milchprodukte bekomme (oder ich gehe direkt zu einem Bauern). Für spezielle Gewürze und andere benötigte Zutaten gehe ich in türkische, nahöstliche und marokkanische Geschäfte. Dort kann man mit den Leuten ins Gespräch kommen und erhält wertvolle Tipps zu allem, was man braucht. Mehmet, Ali und Amran von meinem türkisch-nahöstlichen Lieblingsladen (Genco & Tigris & Eufraat) in Amsterdam sind immer bereit, mir zu helfen. Und in Beirut habe ich ebenso nette Freundschaften geschlossen. Nicolas vom Makhoul Supermarket in Achrafieh etwa fuhr mit seinem Motorroller durch die halbe Stadt, um etwas für mich zu besorgen. Mittlerweile bekommt man auch bei uns im gut sortierten Supermarkt viele Zutaten für die libanesische Küche, wie etwa Zatar, Sumach, Rosenwasser, Orangenblütenwasser und Perl-Couscous (*Moghrabieh*). In den Niederlanden erleichtert es die Marke Nadia & Merijn's SOUQ (von Nadia Zerouali und mir), originale Produkte aus dem Libanon zu beziehen. Sobald man einige Basis-Gewürze im Haus hat, ist es einfach, die Rezepte zuzubereiten. Sie sind nicht kompliziert, aber *ktir tayeb* (sehr lecker!).

In der Vorratskammer

Sumach

»Du herrlich säuerliche kleine Steinfrucht, was würde ich ohne dich nur tun!« Zu dunkelrotem Pulver zermahlen, hat Sumach einen ganz besonderen, blumig-frisch-säuerlichen Zitrusgeschmack und ist eine beliebte Zutat in der Beiruter Küche. Er schmeckt köstlich zu fast allem, so etwa auf *Labneh*, Hummus, Spiegeleiern, Salaten und über warme Speisen gestreut. Großartig auch bei Desserts. Ich liebe Sumach und verwende ihn großzügig, aber je nach Geschmack.

Mahlab

Hierbei handelt es sich um zermahlene Keimlinge der Felsenkirsche, die Brot und Gebäck einen sehr dezenten spezifischen Geschmack verleihen. Schon ein einfacher Teig aus Zucker, Mehl und Butter mit etwas Mahlab sorgt bei Keksen und Kuchen für einzigartige Aromen. Man muss gezielt suchen, aber in türkischen Läden etwa findet man Mahlabpulver.

Orangenblütenwasser

Der Duft von Orangenblüten erfüllt im Frühling die Straßen von Beirut und die *Alambiks*, in denen naturreines Orangenblütenwasser destilliert wird. Die chemische Version, die jahrelang als Orangenblütenwasser verkauft wurde, ist mit der echten nicht zu vergleichen. Natur ist Trumpf. Unverzichtbar in Zitronenlimonaden (Mittelmeer-Zitronen zerkleinern, mit Zucker zerstoßen und eine Weile stehen lassen, Sprudelwasser hinzufügen, die Zitronen herausnehmen und alles mit Orangenblütenwasser abschmecken). Oder in dem Milchpudding *Muhallabiyyeh*. Auch köstlich in anderen Desserts, Keksen, Obstsalaten, Cocktails und in dem einzigartigen »Weißen Kaffee«: heißes Wasser, vermischt mit ein paar Tropfen Orangenblütenwasser. Dieses duftende Getränk ist eine wunderbare Verdauungshilfe.

Rosenwasser

Ein paar Monate nach den Orangenblüten gilt es, die Damaszener-Rosen in aromatisches Blütenwasser zu verwandeln. Natürliches Rosenwasser hat rein gar nichts mit der chemischen Variante zu tun. Das Naturprodukt verleiht Kuchen, Keksen, Limonaden, Cocktails oder *Muhallabiyyeh* einen unvergleichen Duft und ganz spezielle Aromen. Rosenwasser hat einen noch stärkeren Geschmack als Orangenblütenwasser, man sollte es also zunächst sparsam einsetzen und alles abschmecken, bevor man mehr hinzufügt.

Zatar

Ein Leben ohne Zatar (eine Gewürzmischung aus Sesam, Sumach und *Origanum syriacum*) wäre in Beirut undenkbar: Es ist der Motor der Existenz, der Duft des Lebens und gehört zum Frühstück eines jeden Tages: Zatar gemischt mit Olivenöl, auf frischem Teig verteilt, kurz im

Ofen gebacken – fertig. Dass wir im Westen mittlerweile alles Mögliche mit Zatar bestreuen, sieht man in Beirut mit hochgezogenen Augenbrauen. Denn dort wird die würzige Mischung aus säuerlichem Sumach und nussigen Sesamsamen mit Olivenöl vermengt und auf Fladenbrot verteilt. Man sollte sehr hochwertiges Zatar, vorzugsweise aus dem Libanon, kaufen.

Granatapfelsirup

Dieser süß-säuerliche Sirup aus einreduziertem Granatapfelsaft schmeckt einfach himmlisch – frisch, süß und komplex zugleich, und er ist in der Beiruter Küche unverzichtbar. In Salatdressings, Fleischgerichten und sogar Limonaden schmeckt er gleichermaßen köstlich. Am besten verwendet man eine Variante ohne Zusatzstoffe, denn es ist ähnlich wie beim Balsamico: Man merkt die Qualität sofort. Man könnte sich Granatapfelsirup als den libanesischen Vetter des Balsamicos vorstellen. Überhaupt gibt es diverse Ähnlichkeiten zwischen Libanon und Italien (was Liebe zu gutem Essen, Schönheit, Korruption, Chaos angeht ...).

Carobmelasse

Dies ist eine meiner jüngsten Entdeckungen. Die langen Schoten des Johannisbrotbaums werden gemahlen, dann in Wasser eingeweicht und zu einer dicken, komplexen, köstlichen dunklen Melasse eingekocht, die etwa *Sfouf bi dibs,* einem Carobkuchen, Geschmack verleiht. Sie ist aber auch lecker mit etwas Joghurt, in Keksen oder zu Eiscrème.

Kardamom

Ich kann nicht genug von Kardamom bekommen: Geschmack und Duft der schwarzen Samenkörner in den Kapseln sind fantastisch und köstlich. Die Kombination von Kardamom mit Datteln, mit Johannisbrot und natürlich in Kaffee (für eine arabische Variante des Heißgetränks) sind einfach phänomenal. Kardamom wird auch in herzhaften Rezepten wie Suppen oder Reisgerichten verwendet. Es empfiehlt sich, stets frischen Kardamom zu verwenden, den man direkt aus den Samenkapseln mörsert, denn so duftet er am intensivsten.

Labneh

Dies ist ein pikantes Sauermilchprodukt mit Salz, ähnlich einem Joghurt. Klassischerweise isst man *Labneh* als Dip, aber ich verwende ihn auch »freestyle« (siehe Seiten 44 und 47), als eine Art Dressing oder als ein weißes Bett für alle möglichen tollen Zutaten. Man findet *Labneh* in nahöstlichen Lebensmittelläden und auch in einigen Supermärkten, er kann aber durch herkömmlichen Naturjoghurt ersetzt werden.

Anis

Dieses Gewürz findet sich im hochprozentigen *Arak*, einer Anis-Spirituose, aber auch in Keksen und anderen Gerichten. Ich liebe den wärmend-süßen Geschmack von Anis. Ich verwende Anis auch gerne als Zutat in der Salzlake von eingelegtem Gemüse.

Getrocknete Bio-Rosenblütenblätter	Zunächst einmal schön anzusehen. Mit ein wenig Salz oder Zucker zermörsert, lassen sie sich als köstlich duftendes Rosenpulver verwenden, mit dem man einem Gericht eine besondere Note verleihen kann. Zum Beispiel, indem man das Pulver mit Zatar mischt, was einen großartigen Geschmack ergibt. Oder indem man sie der Gewürzmischung *Baharat* für Huhn hinzufügt (wie auf Seite 247 beschrieben).
Sabah baharat (Sieben-Gewürze-Mischung)	Diese wichtigte arabische Gewürzmischung besteht aus Piment, Zimt, schwarzem und weißem Pfeffer, Muskat, Gewürznelken, Ingwer und/oder Kardamom und Koriander – zu gleichen Teilen im Mörser zerkleinert.
Berberitzen	Frische Berberitzen, auch Sauerdornbeeren oder Essigbeeren genannt, werden in der libanesischen Küche eigentlich gar nicht so oft verwendet (wohl aber in der iranischen). Da ich aber auf dem Beiruter Bauernmarkt Souk el Tayeb schöne frische Zweige mit aromatischen Beeren gefunden habe, sind sie in diesem Buch gelandet. Ein persisches Wort für Berberitze ist *Zereshk*.
Tahina	Seidig weiche Sesampaste ist in jeder Küche des Nahen Ostens unentbehrlich. Und mittlerweile auch hierzulande. Die Qualität sollte ausgezeichnet sein. Tahina verleiht Hummus, Dressings, Saucen und Dips das gewisse Etwas und ist ein grundlegender Bestandteil vieler Gerichte. Man sollte originale Tahina aus dem Nahen Osten verwenden, also eine ungeröstete weiße.
Getrocknete Minze	Getrocknete Minze ergibt einen sehr feinen, frischen und aromatischen Geschmack, insbesondere in Joghurtsaucen wie in dem Rezept auf Seite 172. Das Kraut ist eine tolle Kombination mit Sumach, und ich mag es auch zu *Gerösteten Tomaten* (siehe Seite 247). Kaufen kann man es in türkischen und nahöstlichen Geschäften.
Paprikamark	Es gibt zwei Arten: scharf und mild (in Beirut außerdem eine Version dazwischen). Alle Pasten sind konzentriert und ziemlich salzig. Wirklich geschmacksintensiv also. Sie sind bei Armeniern, Syrern und Türken weit verbreitet, und man kann sie etwa in türkischen Supermärkten kaufen. *Tatli biber* ist die milde Variante, *Açi biber* die scharfe.
Pul biber (Blättchenpfeffer)	Milde bis mittelscharfe getrocknete Chiliflocken. *Yalla*, ich stelle den »Blättchenpfeffer« immer auf den Tisch. Denn er ist nicht zu scharf, aber gibt viel Würze. So mag ich es. Man bekommt ihn in türkischen und nahöstlichen Geschäften unter dem Namen *Pul biber*.
Freekeh	Unreif geernteter, geräucherter Hartweizen, mit leicht rauchigem Geschmack. Ist heute eine hippe Zutat, hat aber im Nahen Osten, vor allem auf dem Land, eine lange Tradition. Kaufen kann man ihn in türkischen und nahöstlichen Geschäften.

Extrafeiner Bulgur

Bulgur ist inzwischen auch hierzulande gut bekannt. Das Getreideprodukt gibt es in vielen Versionen, auch mit einer sehr feinen Körnung. Wir wollen es für *Kibbeh* und *Tabouleh* verwenden. Extrafeiner Bulgur wurde bereits vorgekocht und dann getrocknet, weshalb man ihn ohne Kochen für *Kibbeh* oder *Tabouleh* verwenden kann. Erhältlich im türkischen Lebensmittelgeschäft.

Kichererbsen

Zuhause verarbeite ich immer getrocknete Kichererbsen. Vorzugsweise spanische, von guter Qualität. Eine gute Kichererbse ist cremig und nussig zugleich. Ich weiche sie einige Stunden ein (mit etwas Backpulver) oder, für die schnelle Version, koche sie mit reichlich Wasser auf und lasse sie eine Stunde sanft garen. Im Schnellkochtopf dauert es sogar nur eine halbe Stunde.

Schwarzkümmel

Schwarze, aromatisch-würzige sesam-ähnliche Samenkörner, köstlich auf Brot, Backwaren und auch in Milchprodukten. Wird verkauft in türkischen und nahöstlichen Geschäften.

Weitere Gewürze

Darüber hinaus sind Zimt, Koriandersamen, Kreuzkümmel, Cayennepfeffer, Piment und schwarzer Pfeffer Gewürze, die man zu Hause haben sollte. Sie werden in den Rezepten in diesem Buch häufig verwendet.

Libanon-Weine

Der Libanon ist ein Weinland mit langer Tradition. Und es werden bis heute großartige Weine dort hergestellt. Es gibt immer mehr Winzer, darunter einige wenige große und viele kleinere Weingüter. Sehr bekannt und mein Favorit ist das Chateau Musar. Dessen Rot-, Rosé- und Weißweine (aus der lokalen Rebsorte Obeidah) sind besonders, komplex und unterschiedlich. Sie sind so naturbelassen wie möglich, und das kann man schmecken. Kein Wunder also, dass diese edlen Tropfen auf den Karten der besten Restaurants weltweit zu finden sind. Darüber hinaus gibt es viele kleine Winzerbetriebe, die interessante Weine produzieren und sich ebenfalls darum bemühen, Zugang zu den Märkten Europas zu finden. So gibt es also immer mehr Libanon-Weine hierzulande. Einige meiner Lieblingsweingüter sind: Chateau Qanafar, Chateau Marsyas, Domaine de Baal, Chateau Khoury, Domaine des Tourelles, Sept Winery, Karam Wines, Aurora.

Arak

Eine Anis-Spirituose, die man, ganz nach Belieben, durch Zugabe von mehr oder weniger Eis und Wasser verdünnen kann. *Arak* ist nicht lieblich, aber trotz des Alkohols herrlich leicht und erfrischend und passt perfekt zu *Mezze*. Man trinkt ihn gut gekühlt mit reichlich Eis im Glas. Mein Favorit: Arak Brun von Domaine des Tourelles.

Diverse Libanon-Weine und Arak sind online erhältlich:
Chateau Musar über grapedistrict.nl, mondovino.nl, grandcruwijnen.nl und josbeeres.nl
libanonwijnen.com
libanonweine.de

BEGEGNUNG MIT BEIRUT

تشرّفنا يا بيروت

Beirut ist schizophren, verrückt, **chaotisch**, unmöglich, kontrastreich, gefesselt und frei, **abenteuerlustig**, bunt, spontan, gastfreundlich und **warmherzig** … aber vor allem: **lebendig** und munter.

Um die Stadt besser zu verstehen: Ein historischer Überblick

Kapitel 1

Begegnung mit Beirut – Tasharrafna ya Beiroet!

Ein Gruß aus der Antike

Der Name Beirut stammt wahrscheinlich von dem antiken phönizischen Wort für Brunnen/Quellen ab: *Be'erot*. Davon abgeleitet nannten die Griechen die Stadt *Berytós*. Beirut ist eine der ältesten Städte der Welt und wurde bereits vor etwa 5000 Jahren gegründet. Phönizier, Byzantiner, Perser, Römer, Alexander der Große und andere zogen hier vorbei. Ab 600 n. Chr. breitete sich der Islam aus. 1516 kamen die Osmanen an, die dem Islam anhingen, es Christen und Juden aber erlaubten, sich weiterhin zu ihrem jeweiligen Glauben zu bekennen.

Nach dem Zerfall des Osmanischen Reiches übertrug das *Sykes-Picot-Abkommen* Frankreich die Kontrolle über den Libanon und Syrien. 1943 wurde die Libanesische Republik – bereits 1926 proklamiert – von Frankreich unabhängig. 1958, nach dem panarabischen Appell des ägyptischen Präsidenten Nasser, brach ein kurzer Krieg aus, dem die USA aber schnell ein Ende setzten.

Zwischen den Fronten

1975 brach ein Bürgerkrieg aus. Ausgelöst durch Spannungen zwischen den christlich-maronitischen libanesischen Streitkräften und der PLO (Palästinensische Befreiungsorganisation). Syrien musste in den Konflikt eingreifen, nahm aber, anstatt lediglich zu helfen, praktisch den gesamten Libanon in Besitz, mit Ausnahme des Südens. 1982 marschierten die Israelis in den Libanon ein. Es folgen turbulente Jahre, in denen die israelische Armee, die syrische Armee sowie eine ganze Reihe verschiedener Milizen und internationaler Friedensmissionen das Schlachtfeld bevölkerten. 1989 konnten sich alle Parteien einigen und das Friedensabkommen von Taif wurde unterzeichnet. Ausgangspunkt dabei war die Einsicht, dass der Staat Libanon nur existieren könne, wenn die verschiedenen Religionsgemeinschaften friedlich nebeneinander leben. Unterdessen gingen die Kämpfe zwischen den (hauptsächlich christlichen) Milizen allerdings weiter. Um 1991 wurde die »Grüne Linie« (so nannte man die Damascus Street, die als Demarkationslinie* Ost- und Westbeirut sowie die Milizen voneinander trennte) demontiert. Bis heute gibt es keine einheitliche Geschichtsschreibung über den Bürgerkrieg. Die Unterschiede zwischen den verschiedenen Gruppen sind in Politik und Gesellschaft nach wie vor präsent. Aber eines ist sicher: *Tabouleh* (Petersilien-Bulgur-Salat) essen alle gerne, siehe ** auf der nächsten Seite.

** Marije Vogelzang – eine berühmte niederländische Eat-Art-Künstlerin und gute Freundin von mir – kam einmal nach Beirut und schuf dort eine beeindruckende »Installation.« Zusammen mit Beirutern buk sie Schalen aus Brotteig (eine Anspielung auf das libanesische Nationalgericht Fladenbrot), die sie mit Petersiliensaft (angelehnt an den Nationalsalat Tabouleh) grün färbte. Auf diesen Schalen notierten die Menschen ihre Erinnerungen an den Krieg. Die Schalen wurden dann in einer Reihe aufgestellt, sodass sie an die »Grüne Linie« erinnerten.*

Gebratene Zwiebeln, Wasserpfeifen und Parfüm

An jedem beliebigen Tag kann man in Beirut Dutzende von Gerüchen wahrnehmen, die einem um die Nase wehen: der würzige Duft von Zatar, auf frisch gebackenem warmem *Man'ouche* aus einer *furn* (Ofen, Bäckerei); die Abgase der alten Dieselautos, die durch die Gassen tuckern; der Geruch klebrigen Heizöls, das die unzähligen Generatoren betreibt, die die Stromprobleme überspielen; im Frühling der intensive, fruchtige Duft der vielen blühenden Orangenbäume, die die Straßen säumen; verrottender Müll (die Stadt hat sich noch immer nicht von der Müllkrise von 2015 erholt, sodass unangenehme Gerüche keine Seltenheit sind), frisch gebratene Zwiebeln (ein Muss in der libanesischen Küche, zum Beispiel auf *Mujardara*, jener köstlichen Mischung aus Bulgur oder Reis mit Linsen und karamellisierten Röstzwiebeln, die immer irgendwo gebraten werden und aromatisch aus den Küchenfenstern duften); im Sommer der intensive Duft reifer Erdbeeren oder Pfirsiche, die hoch aufgetürmt auf Holzwagen überall am Straßenrand verkauft werden; der Rauch der *shishas*, Wasserpfeifen, der einem sofort in die Nase steigt; das Parfüm einer üppigen libanesischen Frau, die gerade mit neu gemachten Brüsten, operierter Nase und rot geschminkten Lippen an einem vorbeigeht (vorbeigehen wäre zu viel gesagt, sie ist wohl eher gerade aus einem Auto gestiegen, denn diese Art von Frauen geht keine längeren Strecken zu Fuß); Aftershave-Duft der herben Version, der durch das offene Fenster eines Autos dringt. Zu dieser »Kakofonie der Gerüche« ertönt der Soundtrack der Stadt: ständiges Gehupe; lautes Geschrei; röhrende Motoren; Fairuz-Musik. Und sobald man denkt, man habe es nun kapiert, stolpert man wieder. Denn kein Bordstein gleicht dem anderen, und überall lauert eine Mulde oder eine Lücke zwischen den Pflastersteinen.

** In dem niederländischen Dokumentarfilm *We Loved Each Other So Much* von Jack Janssen (2003) sieht man, wie Mitglieder verschiedener Milizen in der Mittagspause gemeinsam *Tabouleh* essen – um danach wieder erbittert aufeinander zu schießen. Tamar, eine Freundin (siehe Seite 139), erzählte mir, wie sie sich während der Bombardierung und des Beschusses im Treppenhaus versteckten. Dort machten alle mit dem, was sie hatten, *Tabouleh* auf der Treppe. Jemand hatte eine Tomate, jemand anderes hatte Petersilie. Manchmal hatte es sogar etwas Gemütliches, dieses Miteinander.

Wie ich auf Beirut gekommen bin

Ein Zedernbaum

Als ich etwa zehn Jahre alt war, stand ich mit meinem Großvater in seinem kleinen Büro, in dem man durch ein großes Fenster auf einen kleinen Garten hinausblicken konnte. In diesem Garten stand ein meterhoher imposanter Baum, eine Zeder. Sie komme aus dem Libanon, sagte er mir. Für mich bedeutete das, dass ich mir diesen Baum als einen tatsächlich weit gereisten Schatz vorstellte, den jemand aus dem fernen Land direkt zu meinem Opa verfrachtet und in seinen Hinterhof in der Veluwe gepflanzt hatte. Großvater schwärmte davon, was für ein schönes Land der Libanon sei, mit Beirut als dem Paris des Nahen Ostens. Mit herrlichen Bergen und Zedernbäumen. Er erzählte mir, wie sehr das Land nun unter dem Bürgerkrieg leide und in Trümmern liege. Dort, an diesem Fenster, beschloss ich: »Wenn ich groß bin, werde ich in den Libanon gehen.«

Illustrationen und Blogs

Im Jahr 2006, als der Krieg zwischen Libanon und Israel in vollem Gange war, verfolgte ich einen Blog des libanesischen Illustrators und Musikers Mazen Kerbaj, der den Krieg in Zeichnungen darstellte. Danach stand ich oft in Sommernächten auf meinem Amsterdamer Balkon und blickte in den totenstillen, schwarzen Himmel, um mir vorzustellen, wie es sich anfühlen würde, in Beirut zu sein. Ich hängte Plakate mit Kerbajs Zeichnungen in der Stadt auf, weil er sein Publikum darum gebeten hatte. Und ich dachte: »Sobald dieser Krieg vorbei ist, gehe ich in den Libanon.«

Mein erstes Mal

Das erste Mal, im Jahr 2007, reisten wir über Damaskus an. Das schien sicherer, denn in Beirut konnte man nie wissen, was einen erwartete. Wir fuhren mit dem Bus in die Stadt, um in einem der schäbigsten Teile Beiruts zu anzukommen: dem Busbahnhof Charles Helou. Danach, im Taxi, lernten wir, was Straßennamen in dieser Stadt bedeuten: nämlich gar nichts. Die Rue Gouraud (die sich direkt hinter dem Bahnhof befindet) war unserem Fahrer unbekannt. Später habe ich verstanden, dass man, wenn man durch Beirut navigieren will, eine andere Sprache sprechen muss. »An dem violetten Haus biegen Sie rechts ab, gleich nach der Apotheke steht ein großer Baum, dort biegen Sie links ab, und dann ist es das zweite Haus nach dem Bäcker.«

Eine urbane Schnitzeljagdsprache, eine perfekte Metapher für eine Stadt, in der immer improvisiert werden muss. In Beirut weiß man nie, was passieren wird. Glücklicherweise ist das Smartphone eine echte Hilfe bei dieser Schnitzeljagd durch die Stadt. Ich benutze, wo ich kann,

Google Maps, mit dem sich viele Adressen ansteuern lassen. Viele Straßen sind auf der Karte angegeben, aber manche Straßennamen und Nummern, die irgendwo als Adresse angegeben wurden, existieren einfach nicht. Dann heißt es: Fragen, fragen und nochmals fragen! Das ist ganz normal, die Libanesen fragen ständig nach dem Weg. Das hat auch etwas Verbindendes.

Amsterdam und Beirut im Wechsel

Trotz des manchmal etwas überwältigenden Chaos entdeckte ich eine Stadt, die mich wie eine seidene Decke umgab. Voller Wärme, Quirligkeit und Lebensfreude. Alle lachten lauthals und viel, machten ständig Witze, redeten am laufenden Band und waren noch neugieriger als ich. Hier fühlte ich mich zu Hause. Und egal, wie komplex die Zedernbaum-Geschichte meines Großvaters auch war, ich fühlte mich verbunden. Mit dem Schicksal von Menschen, die ich noch nicht kannte. Der warme, würzige Geruch von Zatar brannte sich für immer in meine Nase.

Je mehr Reisen ich in den Libanon und nach Beirut unternahm, umso stärker wurde diese Verbindung. Ich wollte gar nicht mehr weg, hatte zu Hause bald schon wieder Sehnsucht nach Beirut und fand dort immer mehr Freunde, die zur Familie wurden. Nach und nach vertiefte ich mich immer mehr in das verrückte Patchwork namens Libanon, und fand es wunderschön. Darin waren wir uns alle einig. Jahrelang pendelte ich zwischen Amsterdam und Beirut hin und her, ein paar Wochen hier und ein paar Wochen dort. Ein *perfect way of life*. Der warmherzige, spontane libanesische Lebensstil und die Lebensfreude der Menschen machen alles wett: die Infrastruktur, die sehr zu wünschen übrig lässt, die Regierung, die fast permanent nicht existent ist (und wenn doch, von Korruption und Vetternwirtschaft durchsetzt ist). Ein großer Kontrast zu einer politisch durchorganisierten Gesellschaft wie in den Niederlanden. In Beirut kümmert man sich umeinander. Hier werden ständig spontan Dinnerpartys organisiert oder auch andere Feste. Die Kombination beider Länder ist für mich ein Rezept für ein glückliches Leben. Aber da spricht aus mir natürlich die privilegierte Frau aus dem Westen: Denn ich kann kommen und gehen, wann ich will, und dies gilt keineswegs für alle. Nicht für die Flüchtlinge ohne Status, nicht für die Menschen aus der sozialen Unterschicht. Nicht für die vielen Straßenkinder ohne Zukunft, wie der syrische kleine Zain in dem schockierend realistischen und wahren Film *Capernaum – Stadt der Hoffnung* von der Filmemacherin Nadine Labaki. Die übrigens auch den schönen Film *Caramel* über Frauen in Beirut gedreht hat.

So ist es hier: Schwarz und Weiß existieren nebeneinander. Beirut, wenn man dort lebt, liegt einem manchmal schwer im Magen. Aber es ist auch ein Fass voller Lebensfreude.

PLACE DES MARTYRS, BEIRUT, 1950ER-/60ER-JAHRE
FOTO VAROUJAN

Eine Stadt voller Kontraste

Früher Straßenbahnen, nun Busse und Taxis

Beirut war einst eine Wiege der modernen Zivilisation, und die Stadt verfügte als eine der ersten über ein Straßenbahnsystem. Diese Zeiten sind lange vorbei. Heute muss sich die Mittelmeermetropole mit einem kläglichen Netz von Bussen als öffentliches Verkehrsmittel begnügen, dazu ein ganzes Bataillon von Taxis aller Art: Luxuslimousinen mit Chauffeur für die »noblen« Leute; glänzend aufpolierte Taxis, reguläre Taxis, extrem alte Taxis wie den berühmten »Mercedes« (das Modell aus den 1950er-Jahren, von dem immer noch einige in Beirut herumfahren); und es gibt die *Services* (ausgesprochen: *Servies*), eine Art Gemeinschaftstaxis. Man hält sie auf der Straße an und sagt das Codewort »*service*« (oder» *service-ein*«, was »zwei Mal Service« bedeutet, wenn man eine längere Fahrt machen möchte), und dann steigt man ein. Man fährt ein Stück weit entlang der festgelegten Hauptroute mit und steigt dann irgendwo in Nähe des persönlichen Zielortes aus. Dies ist preiswerter als ein normales Taxi und wird daher gerne genutzt. Wenn man auf der Straße steht und auf jemanden wartet, aber kein Taxi benötigt, hebt man freundlicherweise das Kinn. Das Gleiche macht man in der Kneipe, wenn man kein Bier nachordern möchte. Für einen Westler mag sich das seltsam anfühlen, aber in Beirut ist das normal. Natürlich gibt es mittlerweile auch die Taxi-App in Beirut, in einer libanesischen Version, *Kareem* genannt, und ziemlich praktisch in dieser Stadt.

Im Fluss der Zeit

Manchmal versuche ich, mit jemandem einen Termin zu vereinbaren, bevor ich losgehe. Normalerweise wird mir dann gesagt: »Rufen Sie mich an, wenn Sie dort sind.« Und dann klappt alles wie von selbst. Termine fließen ineinander und ehe man sichs versieht, nimmt man erst einen Drink, isst zu Abend und landet später auf irgendeiner Party in einer verrückten Wohnung, in der man sich fragt: Wo bin ich hier denn nun schon wieder gelandet? Dort lernt man flugs wieder zehn neue Leute kennen, die man alle zum Abendessen, Lunch und was weiß ich noch allem einlädt, was in der kurzen Zeit, die man vor Ort ist, aber gar nicht zu schaffen wäre. Ich versuche immer, mich in tausend Stücke zu reißen, um alle unter einen Hut zu bekommen, aber es gelingt mir nie. Übrigens, die Libanesen laden einen wirklich herzlich ein. Nicht nur aus Höflichkeit, Touristen gegenüber. Man nimmt Gäste offen auf. Das ist Ehrensache. Die Menschen hier wurden schon so oft brutal aus ihrem Alltag gerissen, und es herrscht permanentes Elend. Lasst uns keine Zeit verschwenden. Leben wir, in guten wie in schlechten Zeiten. Wer weiß, wann wir uns wiedersehen?

Der Mixer hat während des Kochens seinen Geist aufgegeben? Das ist gar kein Problem in Beirut. Man geht ein paar Häuser weiter, fragt Leute in der Nachbarschaft, und hat gute Chance, Hilfe zu bekommen. Entweder er oder sie nimmt einen mit zu sich nach Hause, oder mit zu Mama, denn die kocht am besten, das ist also sowieso die beste Option. Und wenn man auf höfliche (vertraute) Art und Weise fragt, bekommt man oft erst einmal gesagt: »*Habibti*, alles schön und gut, aber trink nun erst einmal einen Kaffee. *Yalla*, bitte schön, dafür ist immer Zeit.« Zeit ist flexibel! Und ein Tag ist dehnbar in Beirut. Aus diesem Grund hat das Al Falamanki, eines meiner Lieblingsrestaurants, 24 Stunden am Tag geöffnet. Kein Witz, so ist es tatsächlich.

Schlemmen bis zum Umfallen

Sahtein habibti (Guten Appetit, Liebes). Als ich das erste Mal in Beirut große *Mezze*-Platten voller duftender Köstlichkeiten serviert bekam, war ich völlig aus dem Häuschen. Tische voller fantastischer Gerichte, reich an Farben, Gerüchen und Geschmack. Und zwar bergeweise! Ich aß und aß, bis meine Gürtelschnalle aufsprang und ich nicht mehr konnte. Da hilft nur ein Codewort: *khallas* (ausgesprochen: *gallas*) – genug! –, und das sagt man nicht einfach so. Denn Essen will gegessen werden. Ich beschwere mich nicht. Ich glaube, das Leben wäre nicht vollständig, wenn man noch nie mit solchen Leckereien verwöhnt wurde: Es ist wie ein Bacchanal im Überfluss. Und überall, wo man hinkommt, ist diese herzerwärmende Gastfreundschaft zu spüren. Sawsan, eine meiner LieblingshändlerInnen (eine Produzentin von köstlichen Keksen und eingelegtem Gemüse) auf dem Bauernmarkt Souk el Tayeb, lud mich einmal zu sich nach Hause in den Chouf (ein Ausläufer des Libanongebirges oberhalb von Beirut) ein. Das Ergebnis war ein unvergesslicher Tisch voller Hausmannsschmankerln, alle aus Sawsans eigenem Garten und eigenhändig von ihr hergestellt. Wir saßen in der Küche und tanzten vor dem Fernseher neben dem Küchentisch, Gläser voll Arak in der Hand.

Dinnerpartys und eine Extraportion Lebensfreude

Ich organisiere gerne (in letzter Minute) Dinnerpartys in Beirut. Ich koche in der ganzen Stadt: bei Freunden oder bei neuen Bekannten zu Hause. Das Schöne ist, dass immer zwanzig oder mehr Personen am Tisch sitzen. Wenn ich eine eigene Wohnung in der Stadt hatte, kochte ich dort, aber da ich oft keine eigene Küche hatte, kochte ich bei den Leuten zu Hause. Deren Küchen, einschließlich der philippinischen, äthiopischen oder eritreischen Haushaltshilfen (das Rechtssystem im Libanon führt zu einer Art moderner Form der Sklaverei), übernehme ich dann, und alle lieben es. Tatsächlich steht einem die Tür zu all diesen Küchen und Tischen für immer offen. Es ist unfassbar. Beirut ist wie mein Esstisch, meine Küche. Danach trinken wir in der Kneipe zusammen mit den Barkeepern und Bardamen einen Schluck aufs Leben. Und die Beiruter tun dies ebenso mit »dem Nachbarn« (wie ich Israel nenne, ein in Beirut verbotenes Wort).

Liebe und Abscheu

Diese Intensität an Lebensfreude ist ein Grund, warum so viele Besucher Beirut lieben. Man sieht, wie sie aufleben, all diese westlichen Menschen (mich eingeschlossen). In der westlichen Gesellschaft gibt es keinen Raum für so viel Lockerheit. Und schon gar nicht für spontane Aktionen. Dass dies auch eine Kehrseite hat (Chaotik, fehlende Infrastruktur und mehr), merkt man bei kurzen Besuchen nicht. Es geht nicht mit und nicht ohne einander. Beirut, ich schwöre dir ewige Liebe. Aber ich hasse dich auch, für deine Obszönitäten und dein Chaos. Liebe und Abscheu liegen hier nahe beieinander.

Die Sprache und das Essen

Ein paar Worte Libanesisch

Shou achbarak? Keefkoun? Ça va? What's your news? In Beirut habe ich schon diverse kurze Gespräche auf diese Art geführt. Besonders in bestimmten Kreisen wird ungezwungen eine Mischung aus Englisch, Französisch und Arabisch verwendet. Auf *bonjour* antwortet man mit *bonjourein* (»zwei Mal *bonjour*«). Es ist auffallend, wie gastfreundlich und offen die Menschen sind. Sie legen immer ein Quäntchen mehr drauf, auch wenn sie sich von einem verabschieden. *Habibe/habibti* ist ein wichtiges Wort – ein liebevolles Wort, das in etwa »Schatz« oder »Liebling« bedeutet. Bis zum Beweis des Gegenteils gilt man als *habibe* (m) oder *habibti* (w). Man kann dieses Kosewort jedem zurufen, und jeder ruft es einem zu. Genau wie *yalla*. Das bedeutet so etwas wie »Lasst es uns tun«, »Lasst uns gehen!« oder »Auf geht's!.« Oder »Beeilung«, wenn es schnell gehen soll, in gereizter Form: »*Yalla habibe!*«, ruft man beispielsweise dem Fahrer im benachbarten Auto zu, wenn man im Stau steht. Und »Staunachbarn« hat man hier oft und viele, du, ich und alle anderen, die in Beirut leben oder die Stadt besuchen. Es gibt immer Verkehrsstaus. Das liegt schlicht daran, dass alle mit dem Auto fahren. Deshalb ist die Luft auch dermaßen abgasbelastet. Schon genug an Informationen und Begriffen? Ich werde es noch schlimmer machen. Das ist eine gute Vorbereitung für die Praxis. Beirut präsentiert sich vor Ort nicht in mundgerechten Häppchen, man sollte also ein bisschen vorbereitet sein.

al schmeil – links
al yammine – rechts
arnabeet – Blumenkohl
badounes – Petersilie
baharat – Gewürzmischung
banadoura – Tomate
basal – Zwiebel
batata – Kartoffel
biber/har – Chilis
binnaye – Gebäude
bira – Bier
degri – geradeaus
dibs – Melasse/Sirup
dibs el kharroub – Carobmelasse
dibs el rumman – Granatapfelsirup
felfel – Pfeffer
fistik – Pistazien
furn – Bäckerei, wörtlich »Ofen«
ghas – Kopfsalat
ghiar – Gurke
habibe/habibti – Schätzchen, Liebling, Schatz (allgemeiner Gebrauch)
hamoud – Zitrone
hayda/haydi – dies und das (praktisch, um auf etwas hinzuweisen)
helou – wörtlich »süß«, aber in der Umgangssprache besonders »schön«
Ka'ak – knuspriger Fladen oder ein ovaler Kringel mit Sesam und einem Loch darin: eine Art Tüte, weil aus zwei Schichten

bestehend; klassisches Straßenessen, oft vom Fahrrad oder Moped aus verkauft, in einem Stück Papier, mit Zatar bestreut
kachraba – Elektrizität (besonders gut zu wissen, wenn es keine gibt: *ma fi kacharaba*)
Keefik? (w) oder **Keefak?** (m) – »Wie geht's?« in weiblicher und männlicher Form
kes – Glas
Kesak! – ein Toast auf einen Mann/
Kesik! – ein Toast auf eine Frau/
Keskon! – ein Toast auf uns (m/w)/
kesbara – Koriander
Khallas! – Genug!
kibhz – Brot (flach)
ktir tayeb – sehr lecker
l'hasab – Rechnung (in einem Restaurant)
lahme – Fleisch
laymoun/bortugal – besondere Art von süßer Zitrone/Orange
lous – Mandeln
luft – Rettich
mala'a – Löffel
malfouf – Kohl
Maschallah! – als Kompliment, zum Beispiel, wenn man das Foto eines rosigen Babys gezeigt bekommt
matbakh – Küche
mathaf – Museum
matham – Restaurant
mattar – Flughafen
milih – Salz
Mish ma'oul! – Unglaublich, was erzählen Sie mir da! (abgekürzt: **Ma'oule!**)
mustashfarroum – Krankenhaus
nbied – Wein
nbied abyad – Weißwein
nbied ahmar – Rotwein
rumman – Granatapfel
Sabah baharat – Sieben-Gewürze-Mischung
sahan – Zeichen
Sahtein! – Auf Ihre Gesundheit!/ Lassen Sie es sich schmecken!
saj – das konvexe Backblech zum Backen von *Man'ouche*, das Wort wird auch verwendet, um all das Fladenbrot zu bezeichnen, das aus der konvexen Form kommt
sakin – Messer
samne – Butter
schamander – Rote Bete
snobar – Pinienkerne
tayeb – köstlich
Yalla! – Los, los, tu etwas, los!/ Auf geht's!
zeit – Öl
zeit zaytoun – Olivenöl

AL FALAMANKI

Auf Beiruts Speisekarten

Das Mahl beginnt immer mit Salaten – ein französischer Einfluss, nehme ich an. Mein Freund Kamal Mouzawak (siehe Seite 103) hat mich damit vertraut gemacht. Man wählt entweder *Tabouleh* oder *Fattoush*. Gefolgt von all den anderen *Mezze* und Speisen und dann den Grillgerichten: Fleisch, Huhn oder Fisch. Zum Abschluss gibt es süße Früchte und Desserts. Und starken arabischen Kaffee – oder *Café blanc* (heißes Wasser mit Orangenblütenwasser).

Ahwe – arabischer oder libanesischer Kaffee, gekocht mit Kardamom in einer *Rakwe* (Kaffeekanne).

Arak – berühmtes Anisdestillat, das man mit Wasser verdünnt und mit viel Eis serviert. Ähnlich wie Pastis.

Arayess – ofenfrisches Fladenbrot, gefüllt mit Hackfleisch, Gewürzen, Tomaten, Zwiebeln und Granatapfelsirup.

Arguileh/Shisha – die berühmte Wasserpfeife.

Ashtah – eine samtige Crème, die einer Mascarpone-Ricotta-Mischung ähnelt.

Assir – Saft. *Assir laymoun* ist Zitronensaft, *Assir jazzar* ist Karottensaft.

Atayef – kleine Pfannkuchen, gefüllt mit *Ashtah* und serviert mit Orangenblütensirup.

Baklawa – süßes Gebäck aus dünnem Blätterteig oder Kataifi-Teig (Engelshaar). Die Vielfalt der verschiedenen *Baklawa* ist enorm. In allen Formen, gefüllt mit allen Arten von Nüssen. Gute *Baklawa* ist viel mehr als nur süß.

Basterma – die armenische Variante von *Pastırma*: getrocknetes gesalzenes Fleisch mit Gewürzen.

Batata harra – scharfe Back-Kartoffeln mit Knoblauch, Aleppo-Pfeffer, Koriander und Zitronensaft.

Booza – Eis.

Boutargue – *Bottarga*, also getrockneter Fischrogen. Im ganzen Mittelmeerraum geliebt, auch in Beirut. Oft mit einem frischen Zatar-Salat serviert.

Café blanc/Weißer Kaffee – heißes Wasser mit ein paar Tropfen Orangenblütenwasser. Köstlich und belebend wie Kaffee, aber nicht schwarz, daher der Name. Eine gute Verdauungshilfe nach einer reichhaltigen Mahlzeit.

Fatayer – kleines oder großes dreieckiges Gebäck, gefüllt mit Zwiebeln, Spinat und Sumach. Oder mit Käse.

Fattet batenjan/Fattet lahme/Fattet shrimp – Fatteh ist ein köstliches Seelenfutter aus Kichererbsen, Joghurt und knusprigem Brot. Manchmal mit gebratenen Auberginen oder mit Fleisch oder Garnelen.

Fattoush – Salat mit knusprigem Brot, Gurke, Römersalat, Tomate, Bakleh (eine Art Portulak) und einem Sumach-Granatapfel-Dressing.

Foul – kleine, braune Saubohnen, grob püriert, angemacht mit Zitronensaft, Knoblauch und Olivenöl.

Freekeh – unreif geernteter und geräucherter Hartweizen (mit geschmortem Huhn, Mandeln und Gewürzen).

Hindbe – »Grün des Löwenzahns«. Eine Art Endiviensalat.

Hommos balila – ganze Kichererbsen, mit Zitronensaft, Knoblauch, Olivenöl und Kreuzkümmel gewürzt.

Hommos msabbaha – wie *Hommos balila,* aber mit Tahina, Butter, Pinienkernen und Knoblauch.

Hommos awarma – seidig weicher Hummus, mit in Schmalz konserviertem Fleisch (*Awarma*).

Hummus – pürierte Kichererbsen, im Libanon mit weniger Tahina, als man vielleicht gewohnt ist. Serviert mit Olivenöl oder heißer Butter und schlanken, cremigen libanesischen Pinienkernen.

Kabab karaz – Lammhackbällchen mit Kirschen.

Kabis/Mouneh/Mouhkhalalal – alles, was konserviert wird; Mais mit Roter Bete, Oliven, *Labneh*-Bällchen …

Kara bei – gefüllte Kekse mit Pistazien, getaucht in weiches Meringue.

Kibbeh – eine Mischung aus Hackfleisch oder etwas anderem (z.B. Kürbis, Linsen, Kartoffeln) mit feinem Bulgur. Dieser Teig wird in eine flache Form gebracht (oval oder rechteckig), mit einer Füllung aus Zwiebeln, Pinienkernen, *Sabah baharat* und Hackfleisch oder etwas anderem. *Kibbeh* wird im Ofen gebacken, auf dem Herd gebraten oder manchmal auch roh serviert. Es gibt viele Sorten.

Kibbeh batata – Veggie-Variante, bei der gekochte, zerdrückte Kartoffeln mit (braunem) feinem Bulgur, manchmal Walnüssen, mit Olivenöl und Salz vermischt werden. Meist ungebacken.

Kibbeh bi laban – Fleischbällchen in einer Joghurtsauce.

Kibbeh bil sanniye – flacher *Kibbeh* aus dem Ofen mit zwei Schichten, mit Zwiebeln und Pinienkernen dazwischen.

Kibbeh nayyeh – rohes, sehr fein gehacktes, ultrafrisches Lamm- oder Ziegenfleisch, gemischt mit feinem Bulgur und Gewürzen wie Piment und manchmal Rosenblütenblättern. Serviert mit Olivenöl, Fleur de Sel, rohen Zwiebeln und frischer Minze.

Kibbet lakteen – Kürbisbällchen, oft mit einer Füllung aus Mangold und Kichererbsen.

Kunefa/Knefe – Gebäck, in Beirut oft aus zwei Schichten fein zerbröseltem Kataifi-Teig mit dazwischen gebettetem Weißkäse. Darüber Zuckersirup mit Orangenblütenwasser. Man kauft es bei einem guten Konditor oder Spezialbäcker. Oft in einer *Ka'ak*-Kringel-Form serviert. Auch mit unzerkrümeltem Kataifi-Teig hergestellt, wie auf den Seiten 95 und 175.

Labneh – abgetropfter Joghurt mit Salz, manchmal mit etwas getrockneter Minze darüber oder etwas Knoblauch darin. Fester Bestandteil der *Mezze*-Platte.

Lahm bi ajeen – hauchdünne Pizza mit Hackfleisch, Tomaten und Gewürzen.

Makanek – kleine, würzige Würstchen.

Makdous – mit Peperoni, Paprika und Walnuss gefüllte kleine Auberginen, köstliche Beilage.

Maltabal – bedeutet »mit Marinade/Dressing.« Ist in der Praxis ein gerösteter Auberginen-Dip mit Tahina. Hat einen leicht rauchigen Geschmack.

Man'ouche, Mankoushe, Manaeeish, Manakeeish – Frühstücksgebäck mit einem dünnen, pizzaähnlichen Boden, darauf Zatar, Öl oder *Jibneh* (weißer salziger Käse) oder *Keshek* (getrocknetes Pulver aus fermentierter *Labneh*-Bulgur-Mischung), oft mit *Labneh*, Tomaten, Gurke, Minze und Oliven nach Geschmack belegt.

Muhallabiyyeh – Pudding oder Custard aus dem Nahen Osten, hergestellt aus Milch mit Maisstärke und aromatisiert mit Orangenblütenwasser und Rosenwasser.

Muhammara – Peperoni-Walnuss-Dip mit Granatapfelsirup. Besonders die Armenier machen ihn sehr schmackhaft.

Mujardara/Mjardara/Mdardara – Wohlfühlessen aus Linsen mit Reis oder Bulgur, mit oder ohne Röstzwiebeln darauf oder darin.

Osmalieh – Dessert oder Gebäck aus knusprigem goldbraunem Kataifi-Teig (Engelshaar) mit dazwischen liegendem *Ashtah* und darüber liegendem *Attar*, einem mit Orangenblütenwasser oder Rosenwasser aromatisierten Zuckersirup.

Salade roca en thym – im Libanon gibt es eine besondere, extra scharfe Rucola, *Roca* genannt, mit breiten Blättern, oft kombiniert mit langblättrigem frischem Zatar-*K*raut (sieht aus und schmeckt ähnlich wie Bohnenkraut).

Sambusek – Teigtaschen mit einer Füllung aus Fleisch oder Käse.

Sfiha – kleines quadratisches Gebäck mit einer Füllung aus gehackten Pinienkernen, Gewürzen und Granatapfelsirup.

Sfouf – Kuchen mit Kurkuma und Pinienkernen, gibt es auch in einer Variante mit Carobmelasse.

Shankleesh – pikant fermentierter, salziger Käse, in Pfefferflocken oder getrockneter Minze sowie Zwiebeln gewälzt. Man isst ihn zerkrümelt mit roher Zwiebel, Petersilie, Tomate und Olivenöl vermischt als eine Art Salat.

Sharab/Jellab – Limonadensirup, z.B. aus Maulbeeren oder Rosenblüten, serviert mit viel Eis. Götterspeise ist Traubenmelasse mit Rosenwasser, oft mit Eis und Pinienkernen serviert.

Shish tawouk – gegrillte Hähnchenspieße.

Sujuk – typisch armenische Knoblauchwurst.

Tabouleh – frischer, säuerlicher Petersiliensalat mit etwas Bulgur. Man sollte, wie ein echter Libanese, immer *Tabouleh* oder *Fattoush* wählen, nicht beides.

Wara areesh – ähnlich wie *Warak enab*, aber ohne Fleisch; nur Reis mit Petersilie, Tomate und Gewürzen.

Warak enab – mit Reis und Fleisch gefüllte Weinblätter. Der Trick besteht darin, sie lange zu kochen, damit sie zart sind.

Das Zatar-Rätsel

Nun, da Zatar (oder *za'atar* geschrieben) auch anderswo auf der Welt bekannt und beliebt ist, möchte ich das Rätsel lösen. Zatar ist sowohl der Name des frischen Krauts als auch der der Gewürzmischung. Das Kraut gehört zur Familie der Oregano-Gewächse – *Origanum syriacum,* um genau zu sein. Es wird im Libanon umgangssprachlich auch »Thym« genannt. Ja, nun wird es wirklich verwirrend, weil Zatar nichts mit mediterranem Thymian zu tun hat.

Im Libanon findet man viele Sorten von Zatar-Kraut, mit weißen Blüten, mit violetten Blüten, kultiviert oder wild in den Bergen wachsend (dann *zoubei3a* oder anders genannt), mit kleinen Blättern mit weißgrauem Flaum. Es erinnert in Aussehen und Geschmack ein bisschen an Bohnenkraut, mit länglichen, dunkelgrünen, geschmeidigen Blättern, sehr intensiv und sehr würzig duftend. Vielleicht stammt das Wort *za'atar* von dem lateinischen Wort *satureja* (Bohnenkraut) ab. Man verwendet in der Küche das Kraut auch frisch, es ist sehr aromatisch und köstlich in Salaten. Es gibt auch eine andere frische Wildsorte mit kleinen nadelartigen Blättern, die oft eingelegt werden.

Die Gewürzmischung besteht aus getrockneten und zerstoßenen Zatar-Blättern, Sesamkörnern und Sumach: ein frisches, würziges, nussiges Ganzes, mit Öl auf Fladenbrot verleiht es dem unwiderstehlichen libanesischen Frühstücksgebäck *Man'ouche* Würze.

Gut zu wissen ist, dass sowohl die frische als auch die getrocknete Variante entzündungshemmend und antibakteriell wirkt. Und süchtig machend lecker ist es auf jeden Fall. *Yalla, Zatar!* Für einen Libanesen wäre das Leben undenkbar ohne dieses Kraut.

Labneh

Fester, leicht gesalzener Joghurt

ERGIBT 1 KILOGRAMM

1 kg Kuh- oder Ziegenvollmilchjoghurt

1 Prise Salz

sauberes Seihtuch oder Geschirrtuch

Cremiger *Labneh* gehört zur libanesischen Lebensart. Man isst ihn morgens, mittags und mit etwas Glück auch noch abends. Er passt wunderbar zum Fladenbrot zum Frühstück, aber auch zur *Mezze*-Platte oder auf dem Sandwich. *Labneh* ist ein dickflüssiger Joghurt mit Salz. In Beirut kauft man ihn einfach fertig. Ich mache ihn auch gerne selbst. Vor allem aus frisch-säuerlichem Kuh- oder Ziegenmilchjoghurt.

***Labneh* ist pur oder mit Zatar und etwas Olivenöl garniert köstlich. Mit Fladenbrot wischt man die leckeren Reste vom Teller, genau wie bei Hummus. Seit Jahren liebe ich *Labneh* und serviere ihn als Bett unter Gewürzen, Kräutern, Nüssen und was weiß ich nicht allem. *Labneh* mit Garnierung: Das erinnert mich an die oft üppig herausgeputzten Frauen in Beirut.**

Die Wahl des Joghurts bestimmt den Geschmack des *Labneh*. Ich mag einen frischen, sauren, und nehme deshalb normalerweise einen dünnen Kuh- oder Ziegenmilchjoghurt. Es dauert dann etwas länger, den *Labneh* abtropfen zu lassen, um ihn fester zu machen, aber er ist köstlich. Ein cremiger Griechischer Joghurt ist auch eine gute Wahl. Türkischer Joghurt ist ebenfalls möglich, hat aber einen weniger säuerlichen Geschmack. Das Rezept für den *Labneh* auf dem Bild gegenüber befindet sich auf der folgenden Seite.

— Den Joghurt in einer Schüssel mit etwas Salz verrühren. *Labneh* darf salzig sein, aber nicht zu salzig. Es soll angenehm schmecken.

— Den gesalzenen Joghurt in ein sauberes Tuch löffeln (das kann ein spezielles Seihtuch sein, aber auch ein ausrangiertes sauberes T-Shirt, wie es Jades Tante immer verwendet hat (siehe Seite 217). Das Tuch mit dem Joghurt wie ein Bündel an einem Haken (oder in einem Sieb) über einer Schüssel aufhängen. Die Molke einige Stunden abtropfen lassen, bis ein dicker bis sehr dicker *Labneh* entstanden ist.

— Um *Labneh*-Kugeln herzustellen, den Joghurt 2 Tage lang an einem kühlen Ort abtropfen lassen.

Labneh de luxe

Labneh mit zerlassener Butter, Pinienkernen, getrockneter Minze, Sumach und Rosenblütenblättern

FÜR 4–6 PERSONEN

250 g *Labneh* (siehe Seite 43)

2 EL Butter

2 EL Pinienkerne (vorzugsweise längliche und crèmeweiße)

½ EL getrocknete Minze

Sumach

getrocknete Bio-Rosenblütenblätter

Fleur de Sel

Der Geschmack dieses »aufgepimpten« *Labneh* ist inspiriert von den intensiven, aber köstlichen Aromen des Rezepts auf Seite 197. Es ist eigentlich nur eine Schicht Joghurt, garniert mit nussig-aromatischer geschmolzener Butter, Pinienkernen, Minze und Sumach.

— Den *Labneh* mit einem Löffel auf einem flachen Servierteller verteilen. Die Butter in einer Bratpfanne zerlassen und die Pinienkerne goldbraun darin anbraten, bis die Butter braun wird und nussig duftet. Die Pfanne vom Herd nehmen und Pinienkerne sowie Butter über dem *Labneh* verteilen. Nach Belieben mit Minze, Sumach, Rosenblütenblättern und einer Prise Fleur de Sel bestreuen. Mit warmem Fladenbrot als Beilage servieren.

Labneh maaz ma kesbara

Ziegenmilch-Labneh mit gebratenem Koriandergrün, Knoblauch, Sumach und Mandeln

FÜR 4–6 PERSONEN

250 g Ziegenmilch-*Labneh* (siehe Seite 43)

Olivenöl

75 g Mandelkerne

1 Bund frisches Koriandergrün, grob gehackt

2 Zehen Knoblauch, in dünne Scheiben geschnitten

Sumach

Fleur de Sel

hochwertiges, kalt gepresstes Olivenöl

Ziegenmilch-*Labneh* hat einen frischen, intensiven Geschmack, den ich sehr mag. Wenn man ihn mit geröstetem Koriander und Knoblauch verfeinert, verbinden sich die Aromen zu etwas Großartigem. Ein paar gehackte Mandelkerne plus etwas säuerlicher Sumach oben drauf – et voilà: ein echter Gaumen- und Augenschmaus. Ich kenne keinen Beiruter, der sich davon nicht würde verführen lassen.

— Den Ziegenmilch-*Labneh* mit einem Löffel auf einem flachen Servierteller verteilen. Etwas Olivenöl in einer Pfanne erhitzen und die Mandeln goldbraun darin anbraten. Mit einem Pfannenwender aus der Pfanne heben und auf einem Teller abkühlen lassen, dann die abgekühlten Mandeln fein hacken.

— Koriander und Knoblauch in der Pfanne bei mittlerer Temperatur etwa 5 Minuten anschwitzen. Über dem *Labneh* verteilen und mit den gerösteten Mandeln, etwas Sumach und Fleur de Sel bestreuen. Mit etwas kalt gepresstem Olivenöl beträufeln und servieren.

Labneh ma shmandar w fistok

Labneh mit gebackener Roter Bete, Pistazien, Berberitzen und Sumach

FÜR 4–6 PERSONEN

3 Knollen Rote Bete

hochwertiges, kalt gepresstes Olivenöl

Salz

Granatapfelsirup

3 EL Pistazienkerne

250 g *Labneh* (siehe Seite 43)

2 EL Berberitzen-Beeren

1 EL Sumach

Dieses vegetarische Gericht ist nicht nur lecker, sondern auch ein regelrechter Augenschmaus. Ein großer Hit, wenn ich in Beirut für eine Dinnerparty aufkoche. Cremiger *Labneh*, süße erdige Rote Bete, säuerlich-süßer Granatapfelsirup und knackige Pistazien. Marktfrische getrocknete Berberitzen habe ich auf dem Souk el Tayeb gefunden – zusammen mit dem Sumach sorgen sie genau für den frisch-säuerlichen Kick, den dieses Gericht braucht.

— Den Backofen auf 190 °C vorheizen (Ober-/Unterhitze).

— Die Rote Bete im vorgeheizten Backofen in einer Auflaufform in ihrer Schale backen, bis sie weich sind (bei jungen Knollen geht es schneller, bei alten und großen dauert es manchmal auch 1½–2 Stunden, daher ab und zu mit einer Gabel einstechen, um zu prüfen, ob sie gar sind).

— Die Schalen der Knollen abziehen und das Fruchtfleisch in Stücke schneiden. In einer Schüssel nach Geschmack mit etwas Olivenöl, Salz und Granatapfelsirup vermischen.

— Die Pistazienkerne in einer Pfanne ohne Fettzugabe anrösten, dann auf ein Schneidebrett geben und grob hacken.

— Den *Labneh* mit einem Löffel auf einer runden oder ovalen Servierplatte verstreichen. Die Rote Bete darauf verteilen, mit Pistazien, Berberitzen-Beeren und Sumach bestreuen. Großzügig mit Granatapfelsirup und Olivenöl garnieren.

Fattoush ahmar

»Roter Fattoush« mit Roter Bete, Rotkohl, Dill und Estragon

FÜR 4–6 PERSONEN

2–3 Fladenbrote

Olivenöl

Sumach

Salz

¼ Rotkohl

1 Speiserübe

1 Bund Radieschen

1 große Knolle Rote Bete

Essig

je 1 Bund frischer Estragon, Petersiie und Dill

hochwertiges, kalt gepresstes Olivenöl

Schale und Saft von ½ Bio-Zitrone, fein abgerieben und frisch gepresst

Granatapfelsirup

** Oder eingelegte Kabis von Seite 59 verwenden.*

Ich liebe die Salate, mit denen man ein *Mezze*-Büfett eröffnet. Ob *Fattoush* oder *Tabouleh*, ich könnte sie jeden Tag essen. Es sind köstliche kalte Gerichte voller säuerlicher und würziger Aromen und Knackigkeit. Ich habe diese Eigenschaften als Ausgangspunkt für eine neue Version von *Fattoush* genommen. Streng genommen handelt es sich nicht um einen traditionellen *Fattoush*, sondern um eine Neuinterpretation von roter Farbe, die aber alle wichtigen Komponenten respektiert. Auf die Idee mit geraspeltem Rotkohl kam ich einst in der Küstenstadt Anfeh, in einem Fischrestaurant. Das farbenprächtige Gemüse gefiel mir so gut, dass es zum Ausgangspunkt für dieses Rezept wurde. Ein Augenschmaus, ein echter Party-Salat! Das Rezept für den ebenfalls auf dem Bild abgebildeten Festtags-*Tabouleh* befindet sich auf Seite 51.

— Die Fladenbrote in grobe Stücke brechen und mit etwas Olivenöl, einer großzügigen Prise Sumach und Salz in einer Auflaufform vermischen. Im Backofen mit der Grillfunktion goldbraun anrösten.

— Währenddessen den Rotkohl, die Speiserübe und die Radieschen separat mit einer Gemüse-Mandoline (oder einem Sparschäler) in dünne Scheiben hobeln und in kleine Schüsseln geben. Die Rote Bete raspeln. Die Speiserübenscheiben mit etwas geraspelter Roter Bete, einem Schuss Essig und etwas Salz vermischen*.

— Die frischen Kräuter zerpflücken.

— Den Rotkohl, die Speiserübe, die Radieschen, die restliche Rote Bete und die frischen Kräuter auf einem Servierteller anrichten und mit etwas kalt gepresstem Olivenöl, Sumach, dem Zitronensaft, dem Zitronenabrieb und dem Granatapfelsirup beträufeln.

— Dann die gerösteten Fladenbrotstücke aus dem Backofen nehmen und auf dem Salat verteilen. Sofort servieren!

28 53
Y9

Tabouleh ma dibs el rumman w baharat

Mein Festtags-Tabouleh mit Granatapfelsirup, Rosenblütenblättern, Sabah baharat und Zimt

FÜR 6 PERSONEN

2 Bund frische glatte Petersilie

½ Bund frische Minze

4 Frühlingszwiebeln

1 grüne Chilischote

1 große reife, aber noch feste Tomate

1 EL getrocknete Bio-Rosenblütenblätter

Salz

1 Msp. *Sabah baharat**

1 Msp. gemahlener Zimt

Schale und Saft von 2–3 Bio-Zitronen, fein abgerieben und frisch gepresst

100 g vorgegarter feinkörniger Bulgur

Kerne von 1 Granatapfel

Granatapfelsirup

hochwertiges, kalt gepresstes Olivenöl

** Um die Mischung selbst herzustellen, zu gleichen Teilen Piment, Zimt, schwarzen und weißen Pfeffer, Muskat, Gewürznelken, Ingwer und/ oder Kardamom und Koriander im Mörser zerstoßen.*

*** Libanesische Frauen stellen die Bünde wie Blumensträuße zusammen und hacken sie dann von den Stängeln bis zu den Blättern. Denn ja, die fein gehackten Stängel kommen auch mit in den Salat: Sie sind voller Aromen und Saft.*

Diesen großen (oder kleinen) Bruder des libanesischen Nationalsalats *Fattoush*, den *Tabouleh,* habe ich ebenfalls aufgepeppt, genau wie den *Labneh*. Dabei musste ich diplomatisch vorgehen, denn *Tabouleh* ist im Libanon fast schon ein Heiligtum (siehe die *Tabouleh*-Regeln von Kamal Mouzawak auf Seite 123). Ich habe daher nur wenig hinzugefügt: eine Messerspitze Sabah baharat (was öfter vorkommt), aber auch etwas Zimt, getrocknete Rosenblütenblätter, eine großzügige Handvoll Granatapfelkerne und etwas Granatapfelsirup. Das macht diesen frischen, sauren Petersiliensalat ein wenig festlicher als sonst. Siehe Bild auf Seite 49.

— Die Petersilienbünde in gleichmäßige Bündel teilen. Das ist wichtig, um sie gut hacken zu können. Die Petersilie und die Minze mit dem Messer sehr fein hacken.** Die Frühlingszwiebeln und die Chilischote fein hacken. Die Tomate in sehr kleine Würfel schneiden.

— Die Rosenblütenblätter mit etwas Salz im Mörser fein zerstoßen und das *Sabah baharat* und den Zimt untermischen. Die Hälfte des Zitronensaftes sowie den Zitronenabrieb mit dem Bulgur und den gemörserten Gewürzen in einer Salatschüssel mischen. Die Petersilie, die Minze, die Frühlingszwiebeln, die Chilischote, die Tomatenwürfel und die Granatapfelkerne untermengen. Mit dem restlichen Zitronensaft und etwas Salz abschmecken. Den Salat etwa 15 Minuten ziehen lassen.

— Mit ein wenig Granatapfelsirup und etwas Olivenöl besprenkeln. Ein *Tabouleh* sollte ziemlich sauer sein: dann isst man nach ihm als Vorspeise gerne weiter. Aber natürlich kann man das Rezept dem eigenen Geschmack anpassen!

Kibbeh ma basal

Hackfleisch-Bulgur-Auflauf mit Zwiebeln, inspiriert von Georgina El-Bayeh, der »Kibbeh-Königin«

FÜR 10–12 PERSONEN

1 kg Rinderhackfleisch, sehr fein gewolft

400 g vorgegarter feinkörniger heller oder Vollkorn-Bulgur

Salz

½–1 EL *Sabah baharat**

2 Bund Frühlingszwiebeln (von den holzigen oberen Teilen befreit), der Länge nach halbiert und das Grün grob eingeschnitten

500 g Zwiebeln, halbiert und in Ringe geschnitten

750 ml Olivenöl

50 g Pinienkerne

** Um die Mischung selbst herzustellen, zu gleichen Teilen Piment, Zimt, schwarzen und weißen Pfeffer, Muskat, Gewürznelken, Ingwer und/oder Kardamom und Koriander im Mörser zerstoßen.*

Georgina war eine der ersten Personen, mit denen ich vor etwa zwölf Jahren gekocht habe. Jetzt gehört sie regelmäßig zu den Tawlet-KöchInnen (siehe Seite 110) und kocht mit ihnen auf der ganzen Welt. Am häufigsten kocht sie in Beirut und in ihrer Matbakh Georgina (Georgina's Kitchen) in dem Dorf Kfardlekous im Nord-Libanon. Sie ist eine wahre Meisterin der *Kibbeh*-Zubereitung, in allen Formen und Größen, für zehn oder tausend Gäste. Dieser *Kibbeh* ist flach, mit nur einer Schicht und nicht wie üblich zwei. Das gefällt mir, weil es das Ganze etwas leichter macht. Georgina, ich wende mich jetzt an dich: Ich habe es gewagt, Frühlingszwiebeln zur gewöhnlichen Zwiebel hinzuzufügen. Und ich habe feinkörnigen Vollkorn-Bulgur verwendet. Deshalb nenne ich das Gericht »von dir inspiriert«, sonst wäre es ein Sakrileg. Außerdem macht niemand deinen *Kibbeh* so gut wie du, die *Kibbeh*-Königin! Dies ist ein großartiges Gericht für ein Abendessen und für ein Beirut-Büfett. Man bereitet alles vor, stellt den *Kibbeh* in den Kühlschrank und gibt ihn dann, hopp, in den Backofen, kurz bevor die Gäste am Esstisch Platz nehmen.

— Das Rinderhackfleisch in einer Schüssel mit dem Bulgur, dem Salz und dem *Sabah baharat* gut vermischen. Abschmecken, ob man mehr Gewürze verwenden möchte (wenn man Fleisch von guter Qualität verwendet, ist eine Rohverkostung kein Problem). Die Mischung portionsweise mit der Küchenmaschine (mit dem Wolfaufsatz) 3-mal fein durchwolfen und nochmals gut durchkneten.

— 250 ml des Olivenöls in einer hohen Pfanne erhitzen und die Frühlingszwiebeln sowie die Zwiebeln portionsweise etwa 30 Minuten darin anbraten, bis sie weich und goldbraun sind. Die Pinienkerne in einer weiteren Pfanne ohne Fettzugabe goldbraun anrösten.

— Den Backofen auf 200 °C vorheizen (Ober-/Unterhitze). Die Umrisse einer flachen (runden oder eckigen) Backform auf Backpapier nachzeichnen und ausschneiden. Die Form mit etwas Öl einfetten. Zwiebeln, Frühlingszwiebeln und Pinienkerne in der Backform verteilen. Die Backpapierschablone auf der Arbeitsfläche ausbreiten und das Hackfleisch in einer gleichmäßigen Schicht mit angefeuchteten Händen darauf verteilen.
Die Hackfleischschicht (mit der Backpapierseite nach oben) in die Form legen, dann das Backpapier abziehen. Mit angefeuchteten Händen das Hackfleisch fest und gleichmäßig andrücken. Mit dem Rücken eines Messers ein schönes Muster in das Hackfleisch ritzen und mit einem Löffel dekorative Mulden hineineindrücken. Reichlich mit dem restlichen Olivenöl besprenkeln. Im Backofen 20–25 Minuten backen.

Trifle ma sfouf, helawa, bortugal w fistok

Trifle mit Kurkuma-Kuchen, Ashtah-Crème, Halva, Pistazien und kandierten Orangen

FÜR 8, 10 ODER MEHR PERSONEN

Für die Deko

2 Bio-Orangen

Für den Kuchen

100 g Semolina-Grieß

50 g Mandelmehl

100 g Weizenmehl Type 405

2–3 TL Backpulver

100 ml Olivenöl

150 ml Vollmilch

150 g Rohrzucker

1 EL gemahlene Kurkuma

etwas Backspray

Für die Füllung

3 Bio-Orangen

1 Bio-Zitrone

100 g Zucker

5 EL Rosenkonfitüre* (optional), erhältlich im nahöstlichen Geschäft (siehe Seite 210)

Orangenblütenwasser

Rosenwasser

400 g Halva

250 g Mascarpone

250 g Ricotta

200 g Pistazienkerne

Arak (optional)

** Himbeerkonfitüre ist ebenfalls köstlich.*

Ich wollte mit Hester, die ich kennenlernte, als sie Botschafterin der Niederlande in Beirut war, ein Dessert zum Abendessen zubereiten, das für sie und uns alle ein Fest der Anerkennung sein sollte. Und dafür habe ich einige der mächtigen, erstaunlichen libanesischen Süßspeisen in einem Trifle kombiniert: *Sfouf*, ein Kuchen mit Kurkuma, bildet den Boden. Darauf kommen Schichten von Orangen-Rosen-Marmelade, Mascarpone-Ricottta-Crème (*Ashtah*), zerkrümelte Halva, Pistazien, gekrönt von kandierten Orangenscheiben. Jiiiiiiiiiiiii! »Seht euch das an!«, sagten meine libanesischen Freunde bewundernd. Sie lieben diese Art von Schaustücken.

— Für die Deko 2 Orangen inklusive Schale quer in sehr dünne Scheiben schneiden. Auf einem Backblech verteilen und im Backofen bei 120 °C in 2–3 Stunden trocknen (Umluft). Alternativ die Orangenscheiben kandieren. Dafür in einem Topf in einer Mischung aus 150 g Zucker und 200 ml Wasser auf dem Herd sanft garen, bis sie durchsichtig sind. Dann auf Backpapier abtropfen lassen.

— Den Backofen auf 180 °C vorheizen (Ober-/Unterhitze).

— Für den Kuchen Semolina, Mandelmehl, Weizenmehl und Backpulver in einer Schüssel vermischen und dann Olivenöl, Milch, Rohrzucker und Kurkuma untermengen. Den Teig mit einem Teigschaber in eine große eingefettete Springform (mit etwas größerem Durchmesser als die später verwendete Trifle-Form) füllen und glatt streichen, dabei darauf achten, dass der Teig nicht höher als 2–3 Zentimeter in der Springform steht. Den Teig im vorgeheizten Backofen 20–25 Minuten backen. Dann aus dem Ofen nehmen und in der Springform abkühlen lassen.

Fortsetzung auf nächster Seite.

— Für die Füllung zunächst die Schalen der 3 Orangen und der Zitrone mit einem Sparschäler fein abhobeln (nur die farbige Schicht, nicht die weiße). Die Schalenstreifen in sehr dünne Fäden schneiden und in reichlich Wasser etwa 10 Minuten kochen. Durch ein Sieb abgießen, die Zitrusschalenfäden beiseitestellen.

— Die weiße Schalenschicht rundum von den Zitrusfrüchten abschneiden und entsorgen. Die Fruchtfleischsegmente aus den Früchten herausschneiden und grob hacken. Zusammen mit dem Zucker, den Zitrusschalenfäden und einem Schuss Wasser in einen Topf geben (auch köstlich: dazu ein Schuss Orangenlikör). Etwa 45 Minuten köcheln lassen, bis eine chutneyartige Marmelade entsteht. Die Rosenkonfitüre unterrühren. Mit Orangenblüten- und Rosenwasser abschmecken. Als Zitrus-Rosen-Marmelade beiseitestellen.

— Die Halva zerkrümeln und beiseitestellen.

— In einer Schüssel den Mascarpone und den Ricotta verrühren. Beiseitestellen.

— 100 g der Pistazienkerne im Mörser fein zerstoßen. Den Rest in einer Pfanne anrösten und danach auf einem Schneidebrett grob hacken. Beides beiseitestellen.

— Eine möglichst durchsichtige und geradwandige große Trifle-Schale kopfüber auf ein Stück Backpapier stellen, den Umriss nachzeichnen und als Schablone ausschneiden.

— Den Kuchen aus der Springform lösen, die Backpapierschablone darauflegen und einen Kuchenboden gemäß der Schablone zurechtschneiden. Den Kuchenboden in die Trifle-Schale legen. Mit Arak beträufeln (optional). Etwas von der Zitrus-Rosen-Marmelade darauf verteilen, dann jeweils etwa die Hälfte der Mascarpone-Ricotta-Mischung, der Halva und der gemahlenen Pistazien daraufgeben. Darauf die abgeschnittenen Ränder des Kuchenbodens legen sowie eine weitere Schicht Mascarpone-Ricotta-Mischung geben, darüber etwas Zitrus-Rosen-Marmelade, Halva und das restliche Pistazienpulver verteilen. Mit einer Schicht Mascarpone-Ricotta-Mischung und etwas Zitrus-Rosen-Marmelade abschließen. Dann die getrockneten (oder kandierten) Orangenscheiben dekorativ hochkant hineinstecken. Mit den gehackten Pistazienkernen bestreut servieren.

Kabis lifit w malfouf

Eingelegte Speiserüben, Spitzkohl und Radieschen mit Roter Bete und Anis

ERGBT 2 MITTELGROSSE EINWECKGLÄSER

½ Kopf Spitzkohl

2 kleine Knollen Rote Bete

2 Speiserüben

½ EL Anissamen

1 gehäufter EL Meersalz

100 ml Apfelessig

1 Bund Radieschen, in Hälften geschnitten

ein paar Zweige frisches Zatar-Kraut

Etwas Knackiges, Salziges und Saures als Gaumenkitzler zum Essen oder auf einem Sandwich ist einfach unwiderstehlich lecker. *Kabis* ist ein tägliches Grundnahrungsmittel für jeden Beiruter. Speiserüben, Rote Bete, aber auch Kohl, Paprika und Radieschen lieben dieses Salz-Essig-Bad. Das farbenfrohe Pickle wird in Geschäften im Nahen Osten fertig zum Verkauf angeboten, aber es lohnt sich immens, es selbst herzustellen. Dann kann man auch sicher sein, dass die Farbe wirklich von der Roten Bete stammt. *Yalla!*

— Den Spitzkohl in grobe Stücke schneiden. Die Rote Bete und die Speiserüben mit der Gemüsemandoline fein hobeln.

— Die Speiserüben mit der Hälfte der Roten Bete abwechselnd bis obenhin mit den Anis-Samen in ein sterilisiertes Einweckglas schichten.

— Das Salz bei geringer Temperatur in einem Topf in 300 ml Wasser auflösen. Abkühlen lassen und den Essig hinzufügen. Über das Gemüse gießen, bis das Glas voll ist.

— Die andere Hälfte der Roten Bete mit den Radieschen und dem Spitzkohl sowie dem Zatar-Kraut in ein weiteres sterilisiertes Einweckglas schichten und mit der restlichen Essig-Salz-Lake aufgießen.

— Die Gläser verschließen und einige Tage bis Wochen an einem kühlen und dunklen Ort durchziehen lassen.

— Das eingelegte Gemüse auf Sandwiches oder in Salaten wie dem auf Seite 48 verwenden.

ACHRA-
FIEH

أشرفية

Wie soll ich **Achrafieh** am besten beschreiben? Es ist definitiv eines der Viertel, das ein Tourist zuerst in Beirut besucht. Das **christlich-bürgerliche** Herz der Stadt. Für diejenigen, die aus dem Westen kommen, ist dies an sich schon eine Überraschung: eine ganz andere **Atmosphäre**, als die meisten Besucher erwarten.

Achrafieh
Badaro

Kapitel 2
Das bürgerliche Herz der Stadt

Kirchen und Gärten überall

Weihrauchschwaden und Aprikoseneis

Der Duft von Weihrauch steigt einem in die Nase, wenn man an einer der vielen Kirchen in Achrafieh vorbeigeht. Religion – da sind sich (fast) alle in diesem Teil der Welt einig – nimmt einen großen Platz im Leben ein. Auch die Familie genießt eine hohe Wertschätzung. Und das geht Hand in Hand mit gutem Essen, vor allem während des sonntäglichen Familienmittagmahls, das hier buchstäblich heilig ist. Achrafieh ist ein romantischer Stadtteil an einem Berghang, mit schönen historischen Villen, die heute allerdings teils nur noch Ruinen sind. Ein Stadtteil voller Gärten, die einen von längst vergangenen Zeiten träumen lassen, voller Bougainvillea, Jasmin, Mimosen, Oleander und sogar Palmen. Sobald man aber einen Moment mit den Augen geblinzelt hat, sieht man, dass wieder eine Villa verschwunden ist: dem großen Geld der Immobilienspekulanten erlegen. Einst war Achrafieh ein berauschendes, duftendes Paradies am Mittelmeer. Nun ist es geordnet und voller Autos – ein Viertel, in dem Neues und Hippes mit alten Traditionen Hand in Hand geht. Ein Stadtteil, in dem in vielen Lokalen immer noch Mütter am Herd stehen, die echte Hausmannskost auftischen, und für deren Gerichte die gesamte Nachbarschaft Schlange steht. Ein Viertel, in dem der Sohn von Hanna Mitri immer noch sein Aprikoseneis mit Pinienkernen herstellt, in einer seit 1949 unverändert gebliebenen Eisdiele. Und ein Viertel, in dem Herr Jean von der Patisserie Jean immer noch seine Makronen backt. Als wäre die Zeit stehengeblieben. Das ist vielleicht eines der schönsten Dinge in Beirut: Die Zeit verfliegt und scheint gleichzeitig stillzustehen.

Ältere Damen und kreative DesignerInnen

Und dann gibt es die eleganten älteren Damen – adrett gekleidet, in makellosen Kleidern und mit dazu passenden Handtaschen. Wenn sie nicht gerade auf dem Weg zu etwas sind (Verwandten, Vernissagen, Ärzten, Friseursalons …), sind sie zu Hause und kochen. Oder besser gesagt, sie lassen kochen: nämlich die Haushaltshilfen. Sie sprechen in der Regel Französisch mit einem fein geschliffenen libanesischen Akzent. *»Ah bonjourein! Je suis juste en train de nettoyer la maison … non pas moi bien sur, la fille!«* (»Ah, guten Tag, ich bin gerade am Kochen … nein, natürlich nicht ich, das Mädchen!«). Und während die Damen telefonieren, zieht der köstliche Duft von gebratenen Zwiebeln aus den Küchenfenstern auf die Straße. Hinzu kommen die hippen, modernen Frauen, manchmal ausgiebig, manchmal subtil umoperiert, die vor dem Betreten ihrer geräumigen Wohnung aus ihren turmhohen SUVs springen, bevor der Concierge das Auto parkt. Und es gibt lustige, verrückte, kreative Menschen, die die Dinge ein bisschen anders angehen. Wie meine lieben Freundinnen, die Designerinnen Huda und Rana.

1931
بيرة
لذيذة
Bière Laziza
LA 1ère au LIBAN

Achrafieh durch die Augen zweier kreativer Powerfrauen

Sie sind beide Designerinnen, Huda und Rana. Beide auf ihre eigene Art. Es sind wahnsinnig nette Frauen mit großem Herz und viel Einfallsreichtum. Für mich sind beide ein Symbol für die kreative, enthusiastische Seite Beiruts.

Huda Baroudi kenne Ich schon lange. Sie ist eine erstaunliche, ausdrucksstarke Frau mit der Energie einer zweistufigen Rakete und einer Stimme und einem Lachen, die man sogar auf der anderen Seite der Stadt noch hören kann. Als ich mit Nadia an einer Dokumentation für das niederländische Fernsehen arbeitete – *Op zoek naar de granaatappel* –, war Huda eine der porträtierten Frauen. Mit ihrer Geschäftspartnerin – der ebenso farbenfrohen und lustigen Maria Hibri – führt sie seit vielen Jahren Bokja, eine tolle Designmarke. Sie fertigen farbenfrohe Sofas, Stühle, Kissen, Teppiche und Kunstgegenstände, verknüpft mit aktuellen gesellschaftlichen Themen: Für eine Ausstellung bestickten sie beispielsweise einmal ein Kleid mit einem großen Gewehr und der Karte des Libanon. Ich liebe Huda, und wir teilen die Leidenschaft für eine bestimmte Art von rustikaler, authentischer Küche. Huda ist auch selbst eine großartige Köchin. Ich werde nie ihre *Sayadieh* (Reispfanne mit Fisch) vergessen.

Rana Salam war eine der ersten Personen, die ich im Libanon kennenlernte, über Kamal. Im Laufe der Jahre wurden wir gute Freundinnen und haben viel gemeinsam erlebt. Ich wünschte, es gäbe mehr Frauen wie Rana auf der Welt: verspielt, kindlich und erwachsen gleichzeitig. Mit einer überschwänglichen Begeisterung für schöne Dinge, und auch wenn das Leben an nichts und niemandem spurlos vorübergeht, trübt nichts Rana und ihr strahlendes Lächeln. Kein Wunder also, dass Rana und Huda gute Freundinnen sind. Rana hat jahrelang in London gelebt, sie ist eine (Grafik-)Designerin mit einem absolut einzigartigen Stil und einem Auge für moderne Pop-Art aus dem Nahen Osten. Sie entwirft Interieurs, Einrichtungen und ihren eigenen (sehr eigenen) verrückten Pop-Art-Stil, wobei sie Elemente aus den 1950er-Jahren mit ihrem individuellen Hintergrund kombiniert. Kissen, Plakate, Broschüren, Broschen, Schneidebretter: Ich liebe alles. Man kann ihre charakteristische Arbeit auch im Westen bewundern, zum Beispiel im Interieur des Restaurants Comptoir Libanais in London.

Und auch die Wohnungen sowohl von Huda als auch von Rana sind farbenfroh und besonders. Ich habe mich mit den beiden zum Frühstück verabredet. Lustigerweise frühstücken wir in Ranas altem Haus, in dem ich schon oft übernachtet hatte. Huda ist vor einem Jahr dort eingezogen, und ich liebe dieses Gebäude. Man sieht Derartiges öfter in Beirut: diese schönen Design-Wohnungen aus den Fünfzigerjahren, mit der Qualität und dem Stil von damals. Ein großer Tisch auf einem geräumigen Balkon ist unser Frühstücksplatz und bietet Blick auf den Flickenteppich der Stadt; klassische rote Dächer und fast zusammenbrechende Ruinen neben »*high-rise buildings*«, dazwischen duftend blühende mediterrane Bäume. Auf dem Tisch stehen frisch gebratene Eier, *Labneh* und das leckerste *Man'ouche* aus der *furn** im unteren Stockwerk des Hauses.

** »Furn« bedeutet wörtlich »Ofen« auf Arabisch, aber es ist auch die Bezeichnung für eine Bäckerei.*

Huda: »Nach dem Krieg, 1996, kehrten wir und alle anderen, die jahrelang in Kuwait und Katar gelebt hatten, in die Stadt zurück. Wir waren traumatisiert und bestürzt über all das, was geschehen war. Unsere Reaktion war ein unersättliches Bedürfnis nach Nahrung! Wir organisierten üppige Abendessen. Ich servierte Mitri Hanna Moussas fantastisches Eis (eine Eisdiele, siehe Seite 90) und tat so, als hätte ich es selbst gemacht. Mit etwas Zitronen- oder Orangenpfeffer und einem Schuss Wodka obendrauf. Mitri Hanna Moussas Eis ist ein Traum. Essen in diesem Teil der Welt verkörpert den Geschmack der Levante und Beirut ist das Epizentrum. Vielleicht liegt es an der Nähe zum Meer oder an der venezianisch anmutenden Architektur: Hier ist etwas anders als anderswo. Unsere Gerichte, die Aromen der Levante, sind für alle da. Ob reich oder arm, wir essen alle das Gleiche: ein ofenfrisches *Man'ouche* zum Frühstück.«

Rana: »Das würde es in London nie geben! Dort isst die *working class* etwas ganz anderes als die *upper class*. Aber das Essen hier in Beirut ist Streetfood. Selbst die schicken Läden, wie etwa The Lebanese Bakery (die auch eine Filiale in London hat), servieren immer noch authentisches Streetfood. Und dann gibt es die Menschen, die Nahrung zum reinen Broterwerb herstellen (um Geld zu verdienen), wie etwa der *Mufattaka*-Macher in Basta, der immer noch dieses traditionelle sunnitische Dessert aus zartgekochtem Risottoreis mit Kurkuma, Tahina und Pinienkernen zubereitet. Er serviert es auf Steinplatten, die man mitnehmen oder mitbringen kann. Aber wie lange noch? Ich habe gehört, dass er die Pacht aufgeben will. Es gibt niemanden, der den Laden übernehmen würde. Wir müssen ihn in Ehren halten!«

Huda: »Ja, denn was Libanesen essen, sind keine *Mezze*! Es ist Hausmannskost, wie sie Mütter kochen. Das gefällt mir: ein Teller Essen statt vieler kleiner Gerichte. Die kleinen Lokale servieren es, und natürlich das Tawlet (Restaurant auf dem Bauernmarkt Souk el Tayeb, siehe Seite 110). Es ist Essen, wie man es auch zu Hause isst, Arme-Leute-Gerichte wie *Mujardara* (siehe Seite 235), das arabische Fladenbrot, das man als Teller benutzt. Aber viele Gerichte aus meiner Kindheit sind bereits in Vergessenheit geraten. Meine Mutter kochte immer Milch mit Datteln darin, wenn die Dattelsaison begann. Ich bitte meine Mutter, das für dich zu machen! Es schmeckt himmlisch. Oder *Snayniyeh*; Vollkornweizenkörner mit Zuckersirup, Anis und Orangenblütenwasser. Heutzutage stellen wir diese Gerichte nicht mehr her. Uns fehlt die Zeit! Als ich jung war, ging ich mit meiner Schwester und meiner Mutter in die Souks*, zum Brunnen, wir tranken eiskalten *Sharab el toot* (ein Getränk mit Maulbeersirup) und machten unsere Einkäufe. Es gab alles: Essen, Kleidung, Restaurants. Es war für jedermann. Jetzt ist ein großes Einkaufszentrum daraus geworden: Beirut Souks. Nur wenn Kamals »Souk el Tayeb« dort ist, am Samstag, ist es noch ein Souk, wie er sein sollte.«

** Ein Souk ist traditionell der Markt im Herzen einer arabischen Stadt, meist überdacht, mit allen erdenklichen Geschäften, die man sich vorstellen kann.*

Und so brechen wir auf in den Antiquitäten- und Flohmarktbezirk Basta (siehe Seite 189), um das spezielle *Mufattaka* von Makari in Ehren zu halten, und Nimr al Wadis allerbestes *Ka'ak* mit *Kunefa* (knuspriges Gebäck aus Engelshaar-Teig mit zart schmelzender Füllung, Rezept auf Seite 95), tief im Herzen der Stadt, im Bezirk Tarek el Jdideh (siehe Kapitel 8, Seite 251). Es lohnt sich wirklich, für diese Köstlichkeiten einen Umweg zu machen. *Mufattaka* ist eine Art süß-würziger, fester Milchreis mit Tahina, mit einem unnachahmlichen Geschmack und einer einzigartigen Textur. Das Gericht wird jeden Tag in einer großen Kupferpfanne zubereitet. Absolut unwiderstehlich. Aber es ist ein Reispudding, also ziemlich sättigend. Vor allem nach dem, was wir heute schon gefrühstückt haben. Huda packt die Reste für ihren Mann ein, der diese Leckerei über alles liebt. Mitsamt der Steinplatte. Bald stehen wir vor der *Ka'ak*-Bäckerei Nimr el Wadi. Rana schwärmt für das üppige Interieur des Ladens, ihr farbgeschultes Auge kann gar nicht genug davon bekommen. Pink und Felldruck bedecken die Wände und eigentlich alles, sogar die Verpackungen. Das *Ka'ak* (eine Art Fladen mit Sesam) ist unnachahmlich: ultrafrisch aus dem Ofen, außen knusprig, innen saftig und nussig, dank der *Kunefa*-Füllung, cremig, süß und perfekt. Es ist unmöglich, dieses leckere Gebäck nicht ratzeputz aufzuessen. Die Spezialität ist das Einzige, was in dieser Bäckerei hergestellt wird, in Perfektion!

Ein Festmahl aus Frauenhand

Wochen nach unserem Frühstück sitze ich mit Rana und Huda im Ashghalouna im Bezirk Zokak el-Blat, einem von Frauen gegründeten sozialen Zentrum in einem schönen alten libanesischen Haus – wo geschiedene Frauen und Witwen ihr Leben neu gestalten. Jeden Freitag kochen sie zum Mittagessen ein regelrechtes Festmahl für alle. Hausmannskost, so lecker, wie sie sein sollte, und ein Treffpunkt für ältere wohlhabende Frauen. Gut gelaunt und herausgeputzt verbringen sie hier ihren Nachmittag, als ob es ihr Clubhaus wäre. Manchmal ist es urkomisch, diese adretten Damen aus nächster Nähe zu belauschen. Wir beobachten lächelnd die Szenerie und diskutieren über familiäre Probleme. Rana und ich essen so viel, dass wir fast platzen.

BADARO URBAN FARMERS MARKET

EISDIELE
MITRI HANNA MOUSSA

THE LEBANESE
BAKERY

THE LEBANESE
BAKERY

LIZA

LIZA

Adressen

AL FALAMANKI – Ich liebe dieses Restaurant seit meinem ersten Besuch vor etwa zwölf Jahren. Es hat ein erfolgreiches Franchise-Konzept, das aber mit viel Liebe und Sorgfalt umgesetzt wird. Ich habe hier noch nie schlecht gegessen, alles ist superfrisch und köstlich. Das erste Falamanki liegt im Stadtteil Sodeco, es ist überaus opulent eingerichtet, hat einen schönen grünen Garten und ist 24 Stunden am Tag geöffnet. Egal, wann man also hier essen möchte, die Türen stehen immer offen. Inzwischen gibt es auch eine Filiale in Raouche an der Corniche Beirut, einer Seepromenade, mit Blick auf die Pigeon Rocks, die berühmten Felsen im Meer. Die beiden Restaurants verstehen sich als Oasen der Ruhe im Chaos der Metropole. Abends herrscht aber durchaus Trubel in den Gasträumen, denn dann ist hier alles voller Leute, Wasserpfeifenrauch und Musik. Es gibt auch ein *Dekkanet* (Lebensmittelgeschäft) mit zahlreichen Delikatessen.

—

Damascus Road.
alfalamanki.com

AL MAYASS – Ein authentisch libanesisch-armenisches Restaurant in Achrafieh. Mittlerweile gibt es Franchise-Filialen auch in der Golfregion und New York, wie bei vielen Lokalen in Beirut. Köstliches armenisches Essen in gemütlicher, authentischer Atmosphäre. Von *Manti* über *Su Boreg* und Hummus mit *Sujuk*-Wurst.

—

Furn al Hayek, Trabaud Street.
almayass.com

EM SHERIF – Es kann passieren, dass man in diesem schicken Restaurant trotz Reservierung keinen Tisch bekommt, oder erst später, weil ein Kordon-Politiker unerwartet vorbeigeschaut hat. So ist es mir einmal ergangen. Trotzdem ist eine Em-Sherif-Erfahrung sehr lohnend. Es erwartet einen eine riesige Tafel voll exquisiter raffinierter *Mezze* (ein großes Menü), die man nicht so schnell vergessen wird (mit gerechtfertigtem Preis). Auf jeden Fall einen Besuch wert. Übrigens auch eine Franchise-Königin, wie viele Restaurants in Beirut.

—

Yesouiyeh Street, zwischen Monot Street und Damascus Road.
emsherif.com

FURN BEYDOUN (BÄCKEREI) – Leckere, dünne *Man'ouche* aus einer der Lieblingsbäckereien von Huda. Eine echte Nachbarschaftsbäckerei, wie es so viele in Beirut gibt. Jeder hat seinen eigenen Favoriten.

—

Achrafieh Street. Neben der Beydoun-Moschee.

EM TONI – In einer der kleinen Straßen gegenüber der Furn Beydoun liegt das Take-away-Restaurant Em Toni. Man muss sich den Weg erfragen, denn es gibt kein Schild und keinen klaren Straßennamen. Obwohl eines auffällt: Menschenmassen vor der Tür. Man muss also etwas Geduld haben, aber dafür bekommt man köstliche, authentische libanesische Hausmannskost!

—

Gegenüber der Furn Beydoun.

ABDEL WAHAB EL INGLIZI – Eines der ältesten klassischen *Mezze*-Restaurants. Oft sehr voll und chaotisch, aber dennoch einen Besuch wert. Ein Hoch auf die Dachterrassen in Beirut.

—

Abdel Wahab el Inglizi Street.

NOUR – Das von der Ichkhanian Bakery betriebene armenische Restaurant Nour ist eines ihrer jüngsten Projekte. Mit Köstlichkeiten wie *Lahmadjun*, *Manti* und *Su boreg* und manchmal mit einem kleinen modernen Twist zu den Klassikern versehen.

—

Abdel Wahab el Inglizi Street.

ALBERGO HOTEL – Eines der ältesten Hotels in Beirut, mit einer mehr als großen Dachterrasse, hoch oben über dem Chaos der Stadt. Der vielleicht teuerste Cappuccino vor Ort, aber manchmal möchte man sich das einfach gönnen.

—

Abdel Wahab el Inglizi Street 137.
albergobeirut.com

LAITERIE MIKHAEL – Eine Familienmolkerei alter Schule, die seit 1929 Kuh- und Ziegenmilch-*Labneh* von ihren eigenen Kühen herstellt und verkauft. Gleichzeitig ist der Laden ein Tageslokal, in dem man typische Snacks und kleine Gerichte serviert bekommt. Und das allerleckerste *Fatayer* (Gebäck mit Spinat und Sumach)!

—

Monot Street, Mikhael.

BOUZA HANNA MITRI – Hierzu habe ich bereits einiges gesagt (siehe Seite 63): eine epische Eisdiele
in Beirut, schon seit den 1940er-Jahren. Ein Muss für alle, die Eiscrème lieben.

—

Mar Mitr Street, an der Ecke.

FERYAL – Die Feryal Boutique ist ein schönes Delikatessengeschäft, das ausschließlich Produkte von kleinen Familienbetrieben aus dem ganzen Libanon führt. Ich liebe es, wenn Menschen etwas mit Liebe und Leidenschaft betreiben. Feryal und ihr Sohn Kamel tun dies, und ich bin mir sicher, dass es ein Erfolg werden wird, angesichts solcher Köstlichkeiten. Siehe auch Seite 81.

—

Petro Trad Street, Sodeco. feryalboutique.com

LIZA – Ein Restaurant der Extraklasse, schick, mit Stil und 100 % Achrafieh-Glamour in allem (und 100 % Paris übrigens, denn es gibt auch eine Filiale in der Stadt an der Seine). Vor allem aber ist das Liza ein Ort, an dem man großartige *Mezze* mit kleinen Liza-spezifischen Wendungen probieren kann. Zum Beispiel Halloumi mit Tomaten oder *Tabouleh* mit Granatapfelsirup. Oder das klassische Dessert mit *Ghandour*-Keksen und Rosenwasser-Lokum-Eis. Auch die Mittagsgerichte sind sehr lohnenswert; man kann hier echte Hausmannskost schlemmen.

—

Metropolitan Club, Rue Doumani, Trabaud, Achrafieh. lizabeirut.com

THE LEBANESE BAKERY – Diese moderne *furn* (Bäckerei) lebt unbestreitbar von der Handwerkskunst der Bäcker im hinteren Teil des Geschäfts. Das Sortiment überzeugt trotz *saj* (dem konvexen Backblech) mit verschiedenen Arten von *Man'ouche, Mouajjanet, Fatayer* und *Ka'ak* gut, und die Qualität ist hervorragend. Es gibt auch eine Filiale in London.

—

Salim Bustros Street. thelebanesebakery.com

BREAD REPUBLIC UND BREAD & SALT – Beirut hat auch seine Sauerteig-Walhallas. Mein Favorit ist das *Tusk in Mar Mikhael* (Sauerteig-Zatar-Hörnchen!) der **Bread Republic**, mitten in Achrafieh. Die Bäckerei kombiniert Backwaren mit einem hübschen Café und einer Weinbar und bietet Lunch und Drinks an. Sie backen und verkaufen köstliche Sauerteigwaren. **Bread & Salt** ist ein Neuzugang in Sachen Sauerteig-Köstlichkeiten in der Stadt.

—

Bread Republic: Furn el Hayek, Ecke Rue Chehade, Achrafieh.

—

Bread & Salt: Sagesse, Charles Malek Street.

PÂTE À CHOUX – Das Pâte à Choux ist eine klassische Bäckerei mit einem köstlichen Zatar-Croissant und französischem Gebäck mit libanesischen Aromen: Tartelettes mit Pistazienkerne und Halva zum Beispiel.

—

Pâte à Choux, Sodeco.

DOUAIHY UND PATISSERIE JEAN – Beides Familienkonditoreien. **Douaihy** eröffnete in den 1930er-Jahren und hat heute viele Filialen. Eine typische libanesische Konditorei, in der man alle erdenklichen arabischen Süßwaren bekommt: von *Ka'ak* mit *Kunefa* bis hin zu *Baklawa*, *Ma'moul* (mit Datteln, Pistazien oder Walnüssen gefüllte Kekse) und so weiter. Köstlich, aber aufgrund der Unternehmensgröße etwas kommerziell in der Ausführung. Dies ist nicht der Fall in der **Patisserie Jean**, in der Jean selbst alle Köstlichkeiten herstellt, die in seinem niedlichen, einfachen Laden zum Verkauf stehen, von libanesischen Makronen bis hin zu *Ma'moul* und *Ka'ak* mit *Kunefa*. Wenn man vor einer verschlossenen Tür steht, besucht Jean gerade für einige Monate seine Kinder in Amerika.

—

Douaihy: Place Sassine. douaihy.com

—

Patisserie Jean: Sassine Street.

CAFÉ CAIRO – Jetzt, da ich dies schreibe, ist Wael Lazkani immer noch mit der Einrichtung seines neuen Lokals Café Cairo beschäftigt. Nach Jahren des Reisens und Kochens rund um die Welt betreibt er sein eigenes Restaurant Jaï, in dem er asiatisch kocht. Ich kenne Wael seit langer Zeit, und er ist einer der Köche in Beirut, die ihren Beruf mit Leidenschaft und Seele ausüben. Café Cairo (weil Wael Halbägypter ist) wird seine neueste libanesische Bistronomie sein, mit einer produktorientierten, modernen Küche, bei der sich Wael von lokalen Zutaten inspirieren lässt, wie etwa rohem Red Snapper mit grünem

Chiliöl und Trauben. Ich kann es kaum erwarten!

—

Café Cairo. Furn el Hayek, Baroudi Street.

HAJJ NASR – Ein Muss für alle, die üppige Sandwiches* lieben, bei denen einem Säfte und Saucen nur so vom Kinn tropfen (man beißt so derart genussvoll hinein, dass man sich heimlich umguckt, um zu sehen, ob jemand einen dabei ertappt hat). Sandwiches mit *Kafta* (Hackbällchen aus Lamm- oder Rindfleisch), *Arayess* (Teigtaschen mit Fleischfüllung) oder gegrilltem Hähnchen. Hajj (Bezeichnung eines Pilgers, der in Mekka gewesen ist) Nasr macht seine Sandwiches am laufenden Band und sie kosten wenig: 3000 LBP (etwa 1,60 Euro) pro Stück.

—

Adib Ishac, Place Sassine.

** In diesem Teil der Welt bedeutet »Sandwich« meistens ein zusammengerolltes Fladenbrot, also eine Art Wrap.*

SAMER RAFIC AL RASHIDI SWEETS – Süßigkeitenherstellung in Perfektion. Ein Favorit von Kamal Mouzawak (siehe Seite 103). Eine jahrhundertealte Konditorei mit täglich frischem *Moghrabieh* (Perl-Couscous, mit der richtigen Menge an Gewürzen), frischem Filo-Teig, kataifidischem Gebäck, frischem *Ashtah* und einer Reihe fantastischer arabischer Süßspeisen, die mit diesen Zutaten zubereitet werden. Die Ladentheke ist immer gut gefüllt, ein Fest für die Augen, das es zu bewundern gilt. Besonders während des Ramadan, wenn nach Herzenslust besondere Leckereien zubereitet werden, wie etwa *Kellaj*, frittierte Teigtaschen mit *Ashtah*-Füllung und *Attar* (Zuckersirup mit Orangenblütenwasser) glasiert. Unglaublich köstlich. Mit drei weiteren Filialen, von denen eine in Hamra und der Rest etwas weiter entfernt liegt. —

Rafic al Rashidi, Sodeco, Independence Street.

BADARO-VIERTEL – In das Badaro-Viertel gelangt man, indem man von Sodeco/Achrafieh die Damascus Street in Richtung des Nationalmuseums hinuntergeht (zu Fuß gut erreichbar). Es handelt sich um eine Hauptstraße mit einer Reihe von Nebenstraßen. Ein wirklich grünes Wohngebiet, das sich in den letzten Jahren in eine Art Hipster-Viertel verwandelt hat, mit tollen Lieblingslocations. So gibt es hier beispielsweise eine Filiale des armenischen Restaurants Onno (siehe Seite 145), aber auch Bodo, The Attic und Kissproof für Cocktails und in den Seitenstraßen Troika und Coffee Bar/Café Roy's Public House. Sonntags findet im Collège Saint Saveur der Bauernmarkt von Badaro statt, auf dem familiäre kleine Lebensmittelproduzenten ihre Stände haben, ganz anders als auf dem Souk el Tayeb. Es herrscht eine sehr entspannte Atmosphäre, und es gibt nette Restaurants, die zum Verweilen einladen.

—

Onno, Bodo, The Attic und Kissproof auf der Badaro Main Street.

—

Roy's Public House, Molo und Troika in der Kfoury Street/Militärkrankenhaus, Badaro.

WAEL LAZKANI

FERYAL

FERYAL

PÂTE À CHOUX

PATISSERIE JEAN

BADARO FARMERS MARKET

Man'ouchit za'atar taza w dibs el rumman

Fladenbrote mit frischem Zatar, Granatapfelsirup und Granatapfelkernen

FÜR 4 PERSONEN

6 EL Tomatenmark

1 TL Zucker

Salz

Olivenöl

Semolina-Grieß

1 Rezeptmenge Fladenbrotteig (siehe Seite 205)

frische Zatar-Blätter (alternativ Oregano oder Bohnenkraut)

Granatapfelsirup

Kerne von 1 Granatapfel*

** Granatapfelkerne sind prall gefüllt mit rotem Saft, was beim Herauslösen leicht zu Spritzern an Wänden und Kleidung führen kann. Ich schneide mit einem scharfen Messer die Kappe kreisförmig vom Granatapfel ab. So sieht man, wo die Samen verlaufen, und schneidet um sie herum. Nun kann man den Granatapfel leicht aufbrechen und über einer Schüssel mit einem Löffel auf die Schale klopfen, sodass die Kerne herausfallen. Ich stelle die Schüssel normalerweise in die Spüle, das vermeidet Spritzer.*

Manchmal scheint es, als breite sich die Kochkultur des Nahen Ostens immer mehr auch auf die moderne westliche Küche aus. Und so ist es auch. Langsam, aber sicher entstehen auch in Beirut immer mehr hippe Konzepte, die landestypische Traditionen mit einem modernen Twist versehen und auch im Westen Erfolge feiern. Zum Beispiel The Lebanese Bakery, die mittlerweile eine Filiale in London hat. Eine hippe Einrichtung, mit einem umfangreichen Sortiment und einer großen Auswahl an unterschiedlichen Arten von *Man'ouche*, darunter natürlich auch die Klassiker mit Zatar, mit zusätzlich Käse und so weiter. Ich habe einen Favoriten, der mich an eine libanesische Version einer Pizza Margherita erinnert: mit Tomatenmark und frischem Zatar, so einfach. Dies ist meine Version, mit etwas Granatapfelsirup und -kernen als Extra.

— Das Tomatenmark in einer kleinen Schüssel mit dem Zucker, etwas Salz und einem Schuss Olivenöl sorgfältig vermischen.

— Die Arbeitsfläche mit etwas Semolina bestreuen. Den Teig in vier gleich große Portionen teilen und diese mit einer Teigwalze zu dünnen runden Fladen ausrollen.

— Eine gusseiserne Bratpfanne bei hoher Temperatur auf dem Herd erhitzen. Einen ersten Teigfladen in die heiße Pfanne legen und 2–3 Minuten anbraten, dann wenden.

— Den Fladen zügig mit einem Viertel von der Tomatenmark-Zucker-Olivenöl-Mischung bestreichen. Weitere 2–3 Minuten anbraten, dann auf einem Backblech im 50 °C warmen Backofen warm halten.

— Die restlichen Teigfladen auf die gleiche Weise zubereiten.

— Die noch warmen Fladenbrote großzügig mit dem Zatar, Oregano oder Bohnenkraut bestreuen. Mit etwas Granatapfelsirup und Granatapfelkernen garniert servieren.

Man’ouchit ma jibneh, fistok, za’atar

Fladenbrote mit Feta-Pistazien-Zatar-Pesto

FÜR 4 PERSONEN

150 g Feta (oder vergleichbarer Weichkäse)

125 g Pistazienkerne, geröstet, plus ein paar Pistazienkerne extra zum Garnieren

2 EL frische Zatar-Blätter (alternativ Oregano oder Bohnenkraut)

Olivenöl

Semolina-Grieß

1 Rezeptmenge Fladenbrotteig (siehe Seite 205)

Man kann diese Köstlichkeiten kleiner oder größer machen, je nach Lust und Laune. Es ist eine nette, leckere Version von *Man’ouche*. Ich liebe sie als Fingerfood zu einem Glas Wein, sie eignen sich aber auch gut für ein Sonntagsfrühstück oder einen gemütlichen Brunch. Pistazien, frische Kräuter, Feta: Jede dieser Zutaten ist schon einzeln köstlich, zusammen bilden sie eine ganz besondere Geschmackskombination. Die Abbildung des Gerichts befindet sich auf Seite 75.

— Im Universalzerkleinerer den Feta mit den Pistazienkernen, den Zatar-Blättern und so viel Öl zu einem Pesto zerhäckseln, dass alles gut streichfähig ist.

— Die Arbeitsfläche mit Semolina bestreuen. Den Teig in vier gleich große Portionen schneiden, diese zu Kugeln rollen und dann mit einer Teigwalze zu dünnen Fladen ausrollen.

— Eine gusseiserne Bratpfanne bei hoher Temperatur auf dem Herd erhitzen. Einen ersten Teigfladen in die heiße Pfanne legen und 2–3 Minuten anbraten, dann wenden. Den Fladen zügig mit einem Viertel der Feta-Pistazien-Zatar-Mischung bestreichen. Weitere 2 Minuten anbraten, dann auf einem Backblech im 50 °C warmen Backofen warm halten.

— Die restlichen Fladen auf die gleiche Weise zubereiten. Genießen. *Sahtein!*

Man’ouchit za’atar w wared

Fladenbrote mit Zatar und Rosenblütenblättern

FÜR 4 PERSONEN

1 Bund frisches Zatar-Kraut (alternativ Oregano oder Bohnenkraut), vorzugsweise selbst gepflückt, ein paar Tage zuvor hängend oder liegend an einem warmen Ort (im Ofen oder in der Sonne) getrocknet

3 EL getrocknete Bio-Rosenblütenblätter

Salz

2 EL Sesamsamen, geröstet

2 EL Sumach

Olivenöl

Semolina-Grieß

1 Rezeptmenge Fladenbrotteig (siehe Seite 205)

»Man kann Inspiration in allem finden. Wer das nicht kann, der sieht nicht genau hin.« Dieses Zitat des Modeschöpfers Paul Smith passt hervorragend zu diesem Rezept. Ich verwende gerne Zutaten, die bereits etabliert sind, aber manchmal kombiniere ich sie ein wenig anders. Getrocknete Rosenblütenblätter beispielsweise haben einen blumigen Duft und Geschmack, der sich grandios mit den würzigen und frisch-säuerlichen Aromen von Zatar-Kraut verbindet. Sie sind beide heimisch in Beirut und daher eine logische Kombi. Und schmackhaft und hübsch anzusehen obendrein. Ich liebe so etwas. Romantisches Essen. Für mich ist das die Krönung. Aber Vorsicht, es ist keine zarte Romanze bei Kerzenschein, sondern eine voller Leidenschaft, Lebensfreude und Dramatik: Beirut eben!

— Die selbst getrockneten Zatar-*B*lätter (alternativ Oregano-Blätter) von den Zweigen streifen und zusammen mit den Rosenblütenblättern und etwas Salz im Mörser zerstoßen, dann die Sesamsamen, das Sumach und etwas Olivenöl untermischen. Alternativ eine hochwertige gebrauchsfertige Zatar-Gewürzmischung verwenden und diese mit den Rosenblütenblättern, dem Salz und dem Öl im Mörser vermischen.

— Die Arbeitsfläche mit Semolina bestreuen. Den Teig in vier gleich große Portionen teilen, diese zu Kugeln formen und dann mit einer Teigwalze zu dünnen Fladen ausrollen.

— Eine gusseiserne Bratpfanne bei hoher Temperatur auf dem Herd erhitzen. Einen ersten Teigfladen in die heiße Pfanne legen und 2–3 Minuten anbraten, dann wenden.

— Den Fladen zügig mit einem Viertel der Zatar-Öl-Mischung bestreichen. Weitere 2 Minuten anbraten, dann auf einem Backblech im 50 °C warmen Backofen warm halten.

— Die restlichen Fladen auf die gleiche Weise zubereiten und sofort genießen, am besten mit etwas *Labneh*, Gurke und Petersilie. *Yalla!*

Feryals kibbet batata ma' kammouneh w nana

Kartoffel-Bulgur-Stampf mit Lauch, Rosenblüten und Minze

FÜR 4–6 PERSONEN

500 g mediterrane Kartoffeln (wie etwa Maltakartoffeln)

Salz

200 g vorgegarter extrafeiner Bulgur

5 EL Olivenöl

250 g Lauch (nur die weißen Teile), in Ringe geschnitten

1–2 EL *Kammouneh**

Salz

4 Frühlingszwiebeln

2 Zweige frische Minze

ein paar getrocknete Bio-Rosenblütenblätter

** Um Kammouneh selbst herzustellen, in einem Mörser zu gleichen Teilen getrockneten Majoran, getrocknete Minze, getrocknete Bio-Rosenblütenblätter, grüne Chili oder Chiliflocken, Kreuzkümmel und etwas grobes Salz zerstoßen. Optional kann man auch Rosmarin, Petersilie oder Koriander untermischen.*

An einem sonnigen Tag ging ich in das schöne kleine Delikatessengeschäft Feryal im Viertel Achrafieh, wo mich Feryal und ihr Sohn Kamel gleich gut gelaunt begrüßten. Man bemerkt sofort den Stolz und die Sorgfalt, mit denen das kleine Familienunternehmen aus dem Libanon seine großartigen Produkte auswählt. Feryal kommt ursprünglich aus dem Bankwesen und Kamel aus der Unternehmensberatung, aber die Liebe zu gutem Essen war stärker. Sie öffnen ein Glas nach dem anderen, damit man als Kunde alles probieren kann. Die Qualität ist großartig und herausragend. Eine bessere *Dibs el kharroub* (Carobmelasse) habe ich noch nirgendwo sonst gekostet. Feryal erzählte mir so begeistert von diesem Kartoffel-Stampf, den sie im Restaurant Tawlet kochte, dass ich das Rezept sofort ausprobierte. Es ist mein neuer *Kibbet*-Favorit, den man unbedingt kennen sollte. *Kammouneh* ist eine raffinierte Gewürzmischung aus dem Süden des Libanon, mit Kreuzkümmel und Rosenblütenblättern. Feryal verkauft diese Köstlichkeit, aber man kann sie leicht auch selbst herstellen.

— Die Kartoffeln in einem Topf 15–20 Minuten in reichlich gesalzenem Wasser kochen, bis sie gar, aber nicht zu weich sind. Die Kartoffeln durch ein Sieb abgießen, kurz ausdampfen lassen und noch heiß pellen. Dann fein mit einem Kartoffelstampfer stampfen oder durch ein Sieb drücken.

— Den Bulgur in einer großen Schüssel mit 100 ml Wasser vermischen.

— Das Olivenöl in einer Pfanne erhitzen und den Lauch 10–15 Minuten darin anschwitzen, bis er weich und leicht goldbraun ist. Abkühlen lassen.

— Den Kartoffelstampf zum Bulgur geben und mit dem Lauch, dem *Kammouneh* und etwas Salz verkneten. Die Mischung auf einem großen Teller oder in einer flachen Schale verteilen und mit der Rückseite eines Löffels ein schönes Muster hineindrücken.

— 2–3 der Frühlingszwiebeln fein hacken, den Rest der Länge nach halbieren. Die Minzeblätter abzupfen. Den Kartoffel-Bulgur-Stampf mit der Minze, den getrockneten Rosenblütenblättern und nach Gusto mit etwas mehr *Kammouneh* und mit Frühlingszwiebeln garniert servieren.

Wara areesh ma zereshk

Gefüllte Weinblätter mit Gewürzreis, Berberitzen, Tomaten, Petersilie und Minze

FÜR 4–6 PERSONEN

Für die Weinblätter

2 Bund frische glatte Petersilie, fein gehackt

3 Tomaten, gewürfelt

1 Tasse ungekochte Reiskörner

Schale und Saft von 3 Bio-Zitronen, fein abgerieben und frisch gepresst

½ Tasse Olivenöl

2 TL Sumach

2 TL getrocknete Minzeblätter, zerkrümelt

2 EL Berberitzen-Beeren

Salz

1 großer Stapel eingelegte Weinblätter

Zum Fertigstellen

3 Fleischtomaten

1 große Kartoffel

Granatapfelsirup

Rollen, rollen, rollen! Und dabei in netter Runde über das Leben plaudern. Oder sich einfach einen Film ansehen bei der Zubereitung. Diese zarten, weichen, saftig-sauren Röllchen sind etwas arbeitsintensiv, aber sobald man hineinbeißt, wird die Mühe reich belohnt. Gefüllte Weinblätter sind in diesem Teil der Welt sehr dünn, und so esse ich sie am liebsten. Man sollte sie so fest wie möglich aufwickeln, etwa so, als würde man einen Schlafsack zusammenrollen. Und wenig Füllung verwenden. Man sollte sie mindestens 2–3 Stunden bei geringer Temperatur garen und dann vollständig abkühlen lassen, denn man isst sie kalt. Am nächsten Tag sind sie noch leckerer. Angesichts der in diesem Rezept verwendeten Berberitzen werden libanesische Frauen vermutlich den Kopf schütteln. Aber ich fand, dass die aromatischen Beeren, die ich frisch auf dem Souk el Tayeb gefunden hatte, den Geschmack der köstlichen Röllchen noch verbesserten. Und eine Tasse Reis und eine Tasse Olivenöl als Maßeinheit funktionieren sehr gut. Keine Sorge, es ist einfacher, als es aussieht.

— Für die Weinblätter Petersilie, Tomaten, Reis, Zitronenabrieb und -saft in einer Schüssel mit der Hälfte des Olivenöls vermischen. Dann Sumach, Minze und Berberitzen untermengen und alles mit Salz würzen.

— Ein Weinblatt mit der Stielseite zu einem hin (und den Blattadern nach oben) vor sich auf der Arbeitsfläche ausbreiten. 1 TL Füllung daraufgeben und diese zu einem Strang formen. Das Weinblatt von unten über die Füllung klappen, die Seiten nach innen einschlagen und das Weinblatt stramm über der Füllung zusammenrollen – wie bei einem Schlafsack. Gefüllte Weinblätter finde ich am leckersten, wenn sie sehr dünn sind, deshalb versuche ich immer, wirklich wenig Füllung zu verwenden, auch wenn ich dann mehr Röllchen herstellen muss und alles etwas länger dauert.

— Zum Fertigstellen die Fleischtomaten sowie die Kartoffel in Scheiben schneiden und den Boden eines Topfes damit auslegen (um ein Anbrennen zu verhindern). Die gefüllten Weinblätter kreisförmig darauf anordnen. Dabei darauf achten, dass sie eng beieinander liegen. Mit etwas Granatapfelsirup und dem restlichen Olivenöl beträufeln, dann mit so viel Wasser (Brühe kann auch verwendet werden) aufgießen, dass die Röllchen knapp mit Flüssigkeit bedeckt sind. Einen hitzbeständigen Teller darauflegen (um die Röllchen zu fixieren) und den Deckel auflegen.
Bei geringer Temperatur 2 Stunden sanft garen, bis die Weinblätter und der Reis zart sind. Vollständig abkühlen lassen und zum Servieren auf einem großen Teller anrichten.

* Wer Weinranken im Garten hat, kann die jungen, zarten Blätter pflücken, den Stiel entfernen und sie kurz blanchieren. Nun kann man sie verwenden oder einlegen. Hierfür 60 blanchierte Blätter einige Stunden auf Küchenkrepp antrocknen lassen, dann jeweils 5 Blätter aufeinanderstapeln, zu Päckchen zusammenrollen und in ein sterilisiertes Einweckglas schichten. 50 g Salz, 250 ml Wasser, etwas Kreuzkümmel und 4 Knoblauchzehen in einem Kochtopf aufkochen und abkühlen lassen. Mit dem Sud die Weinblätter im Glas bis obenhin aufgießen und das Glas luftdicht verschließen. Vor der Verwendung die eingelegten Weinblätter abspülen und abtropfen lassen.

Mesheh malfouf w silleq

Gefüllte Kohlblätter mit Reis, Lammhack, getrockneter Minze und Sumach

FÜR 4–6 PERSONEN

Für die Kohlröllchen

1 Bund frische glatte Petersilie, fein gehackt

1 Zwiebel, fein gehackt

1 Tasse Reis

100 g Lammhackfleisch

2 TL Sumach

3 TL getrocknete Minzeblätter, zerkrümelt

Salz

großer Stapel Kohl- oder Mangoldblätter (alternativ eingelegte Weinblätter)

Zum Fertigstellen

2 Fleischtomaten

2 Kartoffeln

5 Zehen Knoblauch

Saft von 2 Zitronen, frisch gepresst

25 ml frisch gebrühter Kaffee

1 Tasse Olivenöl

Die Reis-Hackfleisch-Mischung in diesem Rezept wird gerne auch zum Füllen von Weinblättern verwendet, aber da sie Lamm enthält, passt sie meiner Meinung nach perfekt zu Kohl- und Mangoldblättern. Und keine Sorge, wenn etwas Füllung herausquillt: Man kann Kohlblätter nicht so fest zusammenrollen wie Weinblätter. In Beirut wäre ein Leben ohne all diese gefüllten kleinen Köstlichkeiten undenkbar. Am schmackhaftesten sind die Kohlröllchen lauwarm bis kalt. Siehe das Bild auf Seite 83.

— Für die Kohlröllchen die Petersilie und die Zwiebel in einer Schüssel mit dem Reis, dem Hackfleisch, dem Sumach und der Minze vermischen, dann alles mit Salz abschmecken.

— Die Kohlblätter in einem Topf in kochendem Wasser blanchieren, dann abtropfen lassen und die harten Stilenden und Blattadern herausschneiden.

— Ein Kohlblatt mit der Stielseite zu einem hin (und den Blattadern nach oben) zeigend vor sich auf der Arbeitsfläche ausbreiten. Etwas Füllung mittig daraufgeben und diese zu einem Strang formen. Das Blatt von unten über die Füllung klappen und das Blatt über der Füllung zusammenrollen. Falls Weinblätter verwendet werden, wie im Rezept auf Seite 82 beschrieben vorgehen, um die Röllchen aufzuwickeln.

— Die Fleischtomaten sowie die Kartoffeln in Scheiben schneiden und den Boden eines Topfes damit auslegen (um ein Anbrennen zu verhindern). Die gefüllten Kohlröllchen kreisförmig darauf anordnen. Dabei darauf achten, dass sie eng beieinander liegen. Den Knoblauch darauf verteilen. Mit dem Zitronensaft, dem Kaffee und dem Olivenöl beträufeln und alles mit so viel Wasser (oder Brühe) aufgießen, dass die Röllchen knapp mit Flüssigkeit bedeckt sind. Einen hitzebeständigen Teller darauflegen (um die Röllchen zu fixieren) und den Deckel auflegen. Bei geringer Temperatur 2 Stunden sanft garen, bis der Reis zart ist. Abkühlen lassen und lauwarm oder kalt genießen. Zum Servieren auf einem großen Teller anrichten.

Hudas Sayadieh ma arnabieh

Safranreis mit Seebarsch, Zwiebeln, Tahina-Zitrus-Sauce und Pinienkernen

FÜR 4–6 PERSONEN

7 mittelgroße Zwiebeln

Öl zum Braten

2 kg Zitrusfrüchte (etwa Zitronen, Limetten, Grapefruits und Orangen)

150 ml weiße Tahina

2 ganze Seebarsche (küchenfertig, aber inklusive Kopf)

1 EL Kurkuma

8 Kardamomkapseln

2 Zimtstangen

2 kleine Bündel Safranfäden

Salz und Pfeffer aus der Mühle

500 g hochwertiger Basmatireis

6 EL Pinienkerne

optional einige Garnelen

** Zusammen mit Nadia Zerouali für den niederländischer Rundfunksender NTR.*

Ich habe Huda auf Seite 65 kurz vorgestellt. Bei einer solchen Power-Frau gibt es natürlich kein langweiliges Rezept. Ihre Version des Reisgerichts mit Fisch-*Sayadieh* ist großartig, festlich und wird gekrönt von köstlich erfrischender *Arnabieh*-Sauce (eine Mischung aus Tahina und Zitronensaft) – ein echter Hingucker auf jedem Büfett. Als ich Huda für die Dokumentation *Op zoek naar de granaatappel besuchte, saßen wir in Hudas Garten an einem langen Tisch mit, ja, dieser wunderschönen *Sayadieh*, die nicht nur köstlich, sondern auch eine Augenweide ist. Manchmal macht Huda das Ganze durch das Hinzufügen von Garnelen besonders opulent.**

— 1 Zwiebel fein hacken und mit etwas Öl in einem kleinen Topf anschwitzen, bis sie goldbraun ist. Mit einem Schuss Wasser ablöschen und alles mit einem Stabmixer fein pürieren.

— Den Saft der Zitrusfrüchte sowie die Tahina in den Topf mit der pürierten Zwiebel geben und bei geringer Temperatur mindestens eine Stunde lang köcheln lassen. Dann als Tahina-Zitrus-Sauce warm stellen.

— 3 Zwiebeln halbieren und in Ringe schneiden und in einem großen Topf mit etwas Öl unter Rühren etwa 30 Minuten anbraten, bis sie kräftig gebräunt sind. Etwa 1½ Liter Wasser aufgießen und alles zum Kochen bringen. Die Zwiebel-Bouillon durch ein Sieb in einen sauberen Topf abseihen.

— Die Köpfe der Fische abschneiden und mit etwas Öl in einem kleinen Topf anbräunen, dann zusammen mit Kurkuma, Kardamom, Zimt, der Hälfte der Safranfäden sowie etwas Salz und Pfeffer in die Zwiebel-Bouillon geben. Sanft zum Köcheln bringen, dann die Bouillon durch ein Sieb in einen Topf abseihen.

— Den Basmatireis in die Bouillon geben (die Brühe sollte den Reis etwa eine Fingerspitze hoch bedecken). Zum Kochen bringen, die Temperatur reduzieren und den Reis in etwa 15 Minuten garen.

— In der Zwischenzeit die restlichen 3 Zwiebeln halbieren und in Ringe schneiden, dann in einer Pfanne mit etwas Öl unter Rühren in etwa 30 Minuten tiefbraun und knusprig anrösten. Auf Küchenkrepp abtropfen lassen.

— Den Backofen auf 200 °C vorheizen (Ober-/Unterhitze).

— Den restlichen Safran im Mörser zu Pulver zerstoßen. Die Fische (und optional die Garnelen) auf Alufolie oder Backpapier auf ein Backblech geben und mit etwas Olivenöl besprenkeln, dann mit dem Safranpulver sowie etwas Salz und Pfeffer bestreuen und im vorgeheizten Backofen 10–20 Minuten garen (je nach Dicke der Fische/Garnelen). Etwas abkühlen lassen. Die Fische filetieren und das Fleisch in grobe Stücke zerpflücken.

— Den Safranreis auf einer Servierplatte anrichten, Fisch sowie Röstzwiebeln darauf verteilen. Falls Garnelen verwendet werden, diese zur Hälfte schälen, aber den Schwanz ungeschält belassen. Mit Pinienkernen bestreuen und alles zusammen mit der warmen Tahina-Zitrus-Sauce servieren.

Halieb ma tamr, mawared w bortugal

Dattelcrème nach Hudas Mutter mit Rosenblüten und Orangenschale

FÜR 4–6 PERSONEN

500 ml Vollmilch

6 Datteln, entsteint

Rosenwasser

Schale von 1 Bio-Orange, fein abgerieben

getrocknete Bio-Rosenblütenblätter (optional)

Ein Rezept genau nach meinem Geschmack! Huda erzählte mir von dieser Dattelcrème ihrer Mutter, die keiner sonst mehr herstellt. So einfach und so überwältigend lecker. Die Datteln, die in der Vollmilch gekocht werden, verleihen der Sache Cremigkeit. Ich habe etwas Rosenwasser dazugegeben, das macht es noch spezieller. Und etwas Orangenabrieb, das ist immer eine gute Idee.

— Die Vollmilch in einen Kochtopf geben. Die Datteln hinzufügen und 10–15 Minuten bei geringer Temperatur köcheln lassen, bis sie ganz weich sind. Vom Herd nehmen und die Datteln in der Vollmilch mit dem Stabmixer pürieren. Zurück auf den Herd stellen und nochmals sanft erhitzen, sodass die Mischung cremig eindickt. Mit ein paar Tropfen Rosenwasser und etwas Orangenabrieb abschmecken. Auf Dessertschalen verteilen und vollständig abkühlen lassen.

— Mit Rosenblütenblättern garniert servieren.

Amaredinne booza à la Mitri Hanna Moussa

Aprikoseneis mit Pinienkernen

FÜR 4–6 PERSONEN

750 g frische und reife Aprikosen

160 g Zucker

Saft von ½ Zitrone, frisch gepresst

250 ml flüssige Schlagsahne

150 g Pinienkerne (möglichst hochwertig)

Seit den Vierzigerjahren kommt das köstlichste, reinste Eis in Beirut aus einer berühmten Eismanufaktur mit vielen Namen: Hanna Mitri, Mitri's, Hanna Bouzet oder al Salam. Ein winziger Ort, eigentlich nur ein Raum, an einer belebten Straßenecke in Achrafieh (siehe Seite 68), mit einfachster Einrichtung und Küche. Mitri Hanna Moussa setzt die Arbeit seines Vaters und seiner Mutter fort und produziert Eis, für das die Leute täglich und zu jeder Uhrzeit Schlange stehen. Von den frischesten Früchten der Saison bis hin zu Eis mit Mastix, Orangenblütenwasser oder *Ashtah*. Wenn gerade Aprikosen (*amaredinne*) Saison haben, zählt dieses Aprikoseneis zu meinen Favoriten – neben Mastix-Eis mit Pistazienkernen. Adibs (siehe Seite 167) wunderschöner begrünter Balkon ergab die perfekte Kulisse für das Bild dieser traumhaften, eiskalten Leckerei. Ich glaube, ich werde die Pinienkerne probehalber einmal durch Pistazienkerne ersetzen …

— Die Aprikosen entsteinen und mit dem Zucker, dem Zitronensaft und 100 ml Wasser in einen Kochtopf geben. 10–15 Minuten bei geringer Temperatur köcheln lassen, dann mit dem Stabmixer zusammen mit der Sahne zu einer Crème pürieren. Die Pinienkerne unterrühren.

— Die Crème in einer Eismaschine zu Eis verarbeiten. Alternativ in eine Gefrierdose geben, ins Gefriergerät stellen und jede halbe oder ganze Stunde mit einer Gabel umrühren, bis ein cremiges Eis entstanden ist.

— Das Eis mit einem Eisportionierer kugelweise in Eisbecher oder Waffeltüten füllen und genießen.

Booza meska ma fistok w mazaher

Mastix-Eis mit Pistazienkernen und Orangenblütenwasser

FÜR 4–6 PERSONEN

1 l Vollmilch

5 EL Zucker (oder mehr oder weniger, je nach Geschmack)

6 EL Maisstärke

Orangenblütenwasser

2 TL Mastix, fein zerstoßen*

100 g Ricotta

100 g Mascarpone

100 g Pistazienkerne, geröstet und fein gehackt

** Offiziell enthält das Eis auch Sahlep-Pulver, aus einer Orchideenwurzel, das ebenfalls zur Struktur beiträgt. Leider ist dies hierzulande schwer zu bekommen. Zum Glück ist es ohne genauso lecker.*

Mastix (der getrocknete und pulverisierte Harzbalsam der Mastixsträucher) verleiht diesem cremigen Eis Struktur und die würzigen Aromen eines Kiefernwaldes. So beschreibe ich am liebsten den Geschmack.

— Die Vollmilch mit dem Zucker in einem Topf erhitzen und rühren, bis sich der Zucker aufgelöst hat.

— Die Maisstärke mit etwas kaltem Wasser in einer kleinen Schale aufrühren. Zur Vollmilch geben und bei mittlerer Temperatur unter Rühren mit einem Kochlöffel kurz aufkochen lassen. Die Temperatur auf niedrig schalten und weiter rühren, bis die Mischung eindickt. Einen großzügigen Spritzer Orangenblütenwasser und das Mastix-Pulver untermengen. Weiter rühren, bis alles abgekühlt und zähflüssig ist.

— Den Ricotta und den Mascarpone in einer Schüssel gut verrühren. Mit einem Schneebesen unter die Mastix-Mischung rühren.

— Die Mischung in einer Eismaschine zu Eis verarbeiten (in diesem Fall den Großteil der Pistazienkerne vor dem Einfüllen untermengen, eine kleine Menge zum Garnieren beiseitestellen). Alternativ die Mischung in ein Gefriergefäß füllen und im Gefriergerät halb gefrieren lassen, dabei alle 30 Minuten mit einer Gabel umrühren. Sobald die Mischung halb gefroren ist, den Großteil der Pistazienkerne untermengen, alles wieder in den Gefrierschrank stellen und halbstündlich mit einer Gabel umrühren, bis das Eis die gewünschte Konsistenz hat.

— Das Eis mit einer Spachtel in Gläser oder Waffeltüten füllen, mit den restlichen Pistazien garnieren und genießen.

Kunefa ma mrabbet hamoud w bortugal w fistok

Knusprig gebackener Engelshaar-Teig mit Zitrus-Orangenblütensirup und gemahlenen Pistazien

FÜR 4 PERSONEN

200 g Zucker

Saft von 2 Bio-Zitronen, frisch gepresst

Orangenblütenwasser

Schale von 1 Bio-Limette, fein abgehobelt

Schale von 1 Bio-Orange, fein abgehobelt

300 g Katafi-Teig (aus dem nahöstlichen oder türkischen Lebensmittelladen)

75 g Butter, zerlassen

1 große Kugel Mozzarella, grob geraspelt

200 g weicher, salziger Weißkäse (Feta-ähnlich, aus dem marokkanischen oder türkischen Lebensmittelladen), zerkrümelt

100 g Mascarpone

75 g Pistazienkerne

Dies ist eigentlich kein *Streetfood*. Das sind *Street Sweets*! In Beirut hat jeder eine Lieblingslocation, um *Kunefa* oder *Knefe* zu essen (siehe Seite 39). Vorzugsweise in einem *Ka'ak* (leicht süßes ovales Fladenbrot mit Sesam). Zart schmelzender Weißkäse zwischen knusprigem Teig, getränkt mit einem fabelhaften Sirup. Es gibt zwei Arten: eine aus zu Grieß zermahlenem Kataifi-Teig (diese ist am gängigsten in Beirut) und eine mit ganzem »Engelshaar.« Letzteres habe ich für diese selbst gemachte Version verwendet, weil ich es so sehr liebe. Zart und knusprig: geradezu himmlisch lecker. Auch grandios in einer Großversion: zum Brunch oder zum Abschluss eines Abendessens (obwohl es offiziell kein Dessert ist, aber wen kümmert's). Dann einfach die Zutaten verdreifachen (für zehn bis zwölf Personen).

— Den Backofen auf 180 °C vorheizen (Umluft).

— Den Zucker mit 100 ml Wasser und 30 ml Zitronensaft in einen Topf geben und bei geringer Temperatur zu einem Sirup einreduzieren. Mit Orangenblütenwasser nach Gusto abschmecken.

— Die Zesten der Zitronen und der Limette mit einem Zestenschneider dünn abhobeln. Die Zeste der Orange mit einem Sparschäler abhobeln. Unter den Sirup mengen. Beiseitestellen.

— Den Kataifi-Teig in eine Schüssel geben, mit den Fingern auflockern und die flüssige Butter untermengen. Die Hälfte der Mischung locker auf dem Boden einer runden Auflaufform verteilen. Den Mozzarella, den Weißkäse und den Mascarpone in einer Schüssel vermischen und über dem Teig verteilen. Alles mit dem restlichen Kataifi-Teig locker bedecken. Im vorgeheizten Backofen in 15–20 Minuten goldbraun backen.

— Die Schalen der Zitrusfrüchte mit einem Schaumlöffel aus dem Sirup schöpfen und beiseitestellen. Die Pistazien im Mörser fein zermahlen.

— Das Gebäck in Stücke schneiden und auf Teller verteilen. Großzügig mit dem Sirup beträufeln und mit dem Pistazienpulver bestreuen. Die kandierten Zitrusschalen darüber verteilen. *Sahtein!*

MPASSE
453

GEMMAY-ZEH & MAR MIKHAEL

الجمّيزة ومار مخايل

»Beirut is a city **to be loved** and **hated** a thousand times a day. Every day. It is exhausting, but it is also **beautiful**. You will never feel more extinct or more **alive** than you will in a day in Beirut.«

– Nasri Atallah, in *Beirut Re-Collected*

Gemmayzeh
Mar Mikhael
Geitawi

Kapitel 3
Vom Arbeiterviertel zur Hipster-Hochburg

Ein kulinarischer Einkaufsbummel

»Bonjour, bonjourein, hello, are you back?«

Gemmayzeh/Mar Mikhael ist das Stadtviertel (eigentlich zwei miteinander verbundene Viertel, siehe die Karte von Beirut auf den Seiten 4–5), in dem ich zuerst gelandet bin. Und ich habe es nie wirklich verlassen. Man kann es sich als eine Art Dorf vorstellen, aber in Form einer langen, schmucken, abwechslungsreichen und schönen Straße. Es ist hier halbwegs ruhig – im Vergleich zu anderen Teilen der Stadt. Es gibt viele Restaurants, urige kleine LebensMittel- und Haushaltswarenläden, aber auch hippe neue Geschäfte, eine Konditorei, viele Bars, alte libanesische Häuser und ein paar prächtige Villen mit üppigen, manchmal versteckten Gärten. Entlang dieser langen Straße wurden einige schöne, romantische, lange Treppen gebaut, über die man den angrenzenden Berg erklimmen und den Stadtteil Achrafieh erreichen kann. Teilweise parallel zwischen den beiden Bezirken verläuft eine stattliche, begrünte Straße namens Sursock. Sie ist eine grüne Oase, die weitere altehrwürdge Villen und das wunderschöne Museum für zeitgenössische Kunst (Museum Sursock) beherbergt. In diesem »Dorf« kennt man bald jeden auf der Straße, selbst wenn man nur ein paar Tage dort verbringt. Man erkennt bald bekannte Gesichter auf dem Bürgersteig (falls es einen gibt) und wird freundlich begrüßt. »*Bonjour, bonjourein! Hello, are you back? Yalla*, treffen wir uns!« In meinen frühen Jahren war ich oft bei Kamal (meinem guten Freund, siehe Seite 103), der damals in einem stattlichen alten libanesischen Haus in Gemmayzeh wohnte. Einen Sommer lang mietete ich mich dort in einem schönen Haus bei einer Stylistin ein, die bald zu einer guten Freundin wurde. Es ist fast unmöglich, hier nicht viele nette Leute kennenzulernen.

Ein quirliges Nachtleben

Später wohnte ich in Mar Mikhael, einem Viertel, das in derselben Straße liegt, aber ein Stück weiter unten. Die offiziellen Straßennamen, Rue Gouraud in Gemmayzeh und Armenia Street in Mar Mikhael, werden selten verwendet. Ich habe gerne dort gelebt, weil das Nachtleben dort besonders viel Spaß macht, und in jener Zeit war ich viel unterwegs. Es war meine »Hood«. Mar Mikhael ist außerdem nicht nur ein quirliger, sondern auch ein schöner Stadtteil, der auf Bourj Hammoud, dem armenischen Viertel, und auf dem Wohnviertel Geitawi gründet. Eine Zeit lang wohnte ich über einer meiner Lieblingsbars, dem Anis, wo man lokalen Arak pur oder in Cocktails serviert, mit Salbei oder Zatar garniert.

Trendy Bars und ältere Herren

Irgendwann zog ich an ruhigere Orte in dieser Nachbarschaft. Mittlerweile wohne ich meist mit Freunden im hinteren Teil von Mar Mikhael oder in Gemmayzeh. Zum Glück nicht mehr im Herzen des Trubels. Es gibt eine Zeit des Kommens und eine Zeit des Gehens, genau wie bei vielen Bars hier. Gemmayzeh war lange Zeit das epische *Egging Centre*, mit berühmten Bars wie Torino Express und Estragonfly, dann zog die Hipster-Szene nach Mar Mikhael um. Die Stadt ändert sich also ständig. Die Innenstadt gehört den reichen Pinkeln, aber Hamra jedermann. Dazwischen liegt die Monot Street, voller eleganter Bars und Restaurants. Inzwischen hat Mar Mikhael die Oberhand, was hippe Bars mit ebensolchen (jungen) Gästen angeht. Das alles hatte einst gemütlich angefangen, mit Cafés wie Internationale, Anise, Radio Beirut (die nach wie vor zu den Favoriten gehören) oder der kleinen, aber feinen Weinbar Osteria, deren Besitzer Tommy oft auf seiner eigenen Terrasse anzutreffen ist. Übrigens ein großartiger Ort, um eine erlesene Auswahl an Libanon-Weinen zu verkosten. Aber inzwischen sind viele laute Töne hinzugekommen, und es tut sich Tag für Tag viel. Manchmal reichen zwei Monate, um ein völlig anderes Straßenbild mit neuen Bars und Lokalen vorzufinden.

Liberal und kreativ

Der wahre Geist von Mar Mikhael besteht darin, dass es einer der liberalsten Orte in Beirut ist. Auch die Kreativ- und LGBT-Szene fühlt sich hier pudelwohl (obwohl Homo- und Transgendersexualität im Libanon noch lange nicht allgemein akzeptiert sind). Ursprünglich ist es ein hauptsächlich armenisches Wohngebiet mit vielen Menschen aus der Mittel- und Oberschicht (was man im Libanon, wo die Kluft zwischen Arm und Reich rasant wächst, immer seltener erlebt). Freundliche ältere Herren, adrette Damen in Schürzen, auf dem Weg zum Einkaufen oder zurück. Alt und Neu gehen hier manchmal kuriose Verbindungen ein.

»Dekenets« und Orangenblüten

Es gibt hier immer noch kleine Läden, wie etwa die *furn* (Bäckerei) um die Ecke – oder die Snackbar Abu Tony, die gerade mit einem neuen Interieur aufgewartet hat (siehe Seite 114 – ich glaube, Tony hat an all den jungen Leuten, die nachts zu ihm zum Essen kommen, nicht schlecht verdient). Sein Sandwich mit frittiertem Blumenkohl ist köstlich (siehe Seite 116). Wie eigentlich alles dort. Gegenüber vom Tawlet, Kamals Restaurant, steht mein Lieblings-*Dekenet* (Lebensmittelgeschäft), in dem ein ganz reizender älterer Herr Dinge des täglichen Bedarfs, aber auch Strohbesen verkauft, sein ganzes Leben lang. In seinem Laden sitzend, betrachtet er Tag für Tag die Welt. Man sieht ihn nur aus nächster Nähe, so viele Produkte sind um ihn herum aufgebaut. Ich frage mich immer, wie viele Geschichten er wohl im Kopf hat. Er sitzt schon so lange da und hat gesehen, wie sich die Stadt vor seinen Augen verändert. Am meisten liebe ich Mar Mikhael im Frühling, wenn die Orangenbäume in voller Blüte stehen und diese Mischung aus Dieselabgasen und Blütenduft in jedermanns Nase steigt.

MAR MIKHAEL

THE CARTON SHOP

MARYOOL

INTERNAZIONALE

KAMAL MOUZAWAK

Mein Freund und Seelenverwandter: Kamal

Souk el Tayeb

Wie stellt man jemand so Besonderen wie Kamal Mouzawak vor? Als ich ihn 2007 an einem regnerischen Vormitttag in seinem Haus in Gemmayzeh kennenlernte, brauchte er noch Rat und Zuspruch. Mittlerweile ist er als Gründer des Bauernmarktes Souk el Tayeb und des Restaurants Tawlet (sowie einer ganzen Reihe kleinerer Hotels und Restaurants wie dem Beit Douma, Beit Tawlet, Beit el Qamar, Beit el Hamra, Tawlet Ammiq und Tawlet Saida) zu einer lokalen und internationalen Berühmtheit geworden, mit einer treuen und breit gefächerten Fangemeinde. Er wiederholt immer wieder, worum es ihm geht: »*Food is culture. Make food not war!*«

Ein Flamboyant und Lebensmittel-Aktivist

Kamal ist ein ganz besonderer, kreativer und vor allem unglaublich toller Mann, der nicht immer für jeden leicht zu verstehen ist. Ich habe Kamal in mein Herz geschlossen. Während unserer zwölfjährigen Freundschaft habe ich unterschiedlichste Facetten von ihm kennengelernt. Sein elegantes Haus stand mir immer offen, und seine Küche war für mich wie eine Art Schatzkammer, in der alle Arten von Speisen – aus seiner Hand, aus meiner Hand, aus unseren Händen – wie von Zauberhand entstanden und aufgetischt wurden. Ein Tisch, wie eine weiße Leinwand, an dem Feste gefeiert und die Gläser erhoben wurden. Neben dem Gespür für das Kulinarische hat Kamal ein Talent für Design und Innenarchitektur wie kein anderer! Alle Plätze im Tawlet werden von ihm selbst dekoriert, wobei Secondhand-Sachen vom Flohmarkt im Basta-Viertel ein völlig neues Leben erhalten! Jedes Mal kreiert er das Gefühl von Heimeligkeit und ein Zuhause für uns alle. Wenn er mich anderen vorstellt, zeigt er mich in vollem Glanze. Das schafft niemand mit mehr Fingerspitzengefühl und Liebe als er. Mittlerweile ist er ein gern gesehener Gast in der großen weiten Welt der Kulinarik und reist rund um den Globus, um seine inspirierende Mission zu teilen, oft mit einem Bataillon von Tawlet-Köchen in seinem Gefolge. Im Libanon hat er eine beeindruckende Reihe von Tawlet-Restaurants und Boutique-Hotels aufgebaut, die sehr gut ankommen und für die er viel Anerkennung bekommt. Kamal macht alles konsequent und mit Leidenschaft. Ich liebe seinen Stil und seinen Aktionismus – das verbindet uns.

Essen ist Kultur

»Essen ist Kultur«, sagt Kamal. Statt bei einem rustikalen libanesischen Frühstück in seinem überaus stilvollen Zuhause in Mar Mikhael (eigentlich könnte er auch Innenarchitekt sein) sitzen wir im Garten des Rizk Hospital in Achrafieh. Er wartet sehnsüchtig auf Nachricht von seiner

Tante im Operationssaal. Die Familie ist ihm heilig, und das ist gut so. Seine Tante ist ledig, 84 Jahre alt und hat in ihrer kleinen Bäckerei bis vor Kurzem *Man'ouche* für das ganze Dorf gebacken und dafür immer noch selbst mit ihrem Renault 12 eingekauft. Jemand muss sich um sie kümmern. Wir sitzen also im Garten, bei einem viel zu dicken *Man'ouche*, das Kamals Tante besser nicht in die Finger bekommen sollte. »Essen ist Kultur, und sie ist so vielfältig wie der Libanon selbst«, fährt Kamal fort. »Die Esskultur in diesem Teil der Welt ist sehr alt. Es gab hier keinen Import, wie in New York oder Dubai. Gestern war ich bei einem Abendessen hier in der Stadt und wir sprachen über *Freekeh**. Mittlerweile ist es normal, sich über dieses spezielle Getreideprodukt zu unterhalten. Aber vor nicht allzu langer Zeit – vor weniger als zwanzig Jahren – wussten nur die Menschen im Süden darüber Bescheid. Dort liegt der Ursprung. Unglaublich, wenn man bedenkt, wie klein dieses Land ist: 200 Kilometer lang und 50 Kilometer breit. Dennoch sind die regionalen Unterschiede immens.«

** Freekeh: unreif geerneter und dann gerösteter Hartweizen. Jetzt auch Trend-Zutat.*

Stadt und Land

»Die Beiruter Küche setzte immer schon auf eine Mischung aus urbanen Produkten und Lebensmitteln aus der ländlichen Umgebung. Die Stadt stand über ihre Häfen in Kontakt mit der Außenwelt. Fünf Jahrhunderte osmanischer Herrschaft brachten viele Handelsverbindungen ein. Mit Städten wie Tripolis und Damaskus pflegte Beirut regen Austausch, und die Menschen heirateten einander und vermischten sich, ebenso die Kochtraditionen der beiden Städte. *Horraq osbao* beispielsweise, das Linsengericht aus Damaskus, hielt Einzug in die Küche Beiruts. Gleichzeitig schätzte Beirut immer die Lebensmittel aus seiner näheren Umgebung, vom Land und aus den Bergen. Wo die Menschen mit den Jahreszeiten leben und essen, was sie haben oder was sie aus der Ernte der jeweiligen Saison einlegen konnten. Als wir 2004 Souk el Tayeb gründeten, brachten wir all diese ländlichen Traditionen in die Stadt.«

Nach dem Krieg

»Nach dem Bürgerkrieg änderte sich vieles, was die Ernährung betraf. Vor dem Krieg kaufte man nicht *Man'ouche* an der nächsten Straßenecke. Meine Mutter mischte Zatar mit *Zeit* (Öl) in einem *Halawa*-Topf (bei uns oft *Halva* genannt) mit Deckel und schickte mich zur nächsten *furn***, wo der Bäcker unser *Man'ouche* fertig buk. Es gab keine industriellen Bäckereien. Man aß, was die Familie herstellte, was das Dorf herstellte, was die Nachbarschaft herstellte. Was wir selbst herstellten.«

*** Ofen oder Bäckerei*

Erdnüsse in Papiertüten

»Ich erinnere mich daran, dass wir immer nach Beirut fuhren, als ich noch klein war (wir lebten in Jeita, außerhalb der Stadt mit all ihrem Trubel). Ich weiß noch, dass es in der Hamra Street einen sudanesischen Verkäufer gab, der nichts als frische Erdnüsse in kleinen Papiertüten verkaufte. Ich erinnere mich auch daran, dass ich von den Croissants der Konditorei La Brioche träumte, die mit einer Schokocrème,

Ein Hoch auf die kulinarischen Traditionen

einer Art *Gianduja*, gefüllt waren. Das La Brioche gehörte einer tapferen, hart arbeitenden libanesischen Frau aus den Bergen, die mit einem Schweizer verheiratet war. Das Geschäft existierte bis vor Kurzem, in lange gewahrter Perfektion. Es gab dort himmlische Croissants! Ich erinnere mich auch noch gut an den Geruch der alten Häuser, in denen meine Familie in Beirut lebte, wie meine Cousins in Zokak el-Blat. Die Häuser waren alt, aber die Gärten voller Blüten; blaue Jacaranda und duftender Jasmin. Unsere Lebensweise war ganz anders als heute. Mein Onkel holte Zwiebeln, Kartoffeln und Äpfel von den Bauern ab und verteilte sie dann an alle in der Familie. Alle zwei Jahre bekamen wir Oliven aus dem Norden für die Herstellung von Olivenöl. Unter dem Haus befand sich ein Keller, ein *oudet el mouneh* (Pökelkeller), in dem alle eingelegten Produkte gelagert wurden, und es gab Regale mit Kartoffeln, Zwiebeln und Knoblauch. Die Vorstellung, dass man für eine Knolle Knoblauch in den Laden ging, war absurd! Jeder nutzte das, was er hatte, um seine ganze Familie damit zu versorgen. Zwölf Münder zu stopfen? Zatar wuchs wild und Mehl war immer zur Hand – so wurde das *Man'ouche* geboren. Traditionen wie diese verlieren wir gerade. So wie die Rezepte meiner emsigen Tante.«

Rezepte von Kamals Tante

»Auf unserem Bauernmarkt Souk el Tayeb feiern wir diese Traditionen wieder. Wir prangern an, was nicht gut ist, oder zeigen auf, was noch zu tun ist. Wir berühren die Herzen der Menschen. Das ist meine Art von Aktivismus. Wissen schafft Trends, Trends schaffen Nachfrage und Nachfrage schafft Beschäftigung. Mittlerweile gibt es eine anhaltende Nachfrage nach *Freekeh*. Wir müssen Traditionen unsere Aufmerksamkeit widmen und sie bewahren, bevor wir sie alle verlieren.« »Sollen wir einen Plan zur Dokumentation dieser Traditionen erstellen?!«, frage ich. »*Yalla!*«, erwidert er. »Neulich fragte mich jemand nach einem guten Rezept für *Sfouf bi dib*s, ein Kuchen mit Johannisbrotsirup. Normalerweise rufe ich bei so etwas meine Tante an. Frauen wie sie kennen Rezepte nicht aus einem Buch, sie wissen, wie es geht, weil sie es schon tausendmal gemacht haben. Das ist die Art von Essen, die wir Libanesen lieben. Rima Massouds prächtige *Mar'ouk*-Fladenbrote auf dem Souk el Tayeb, zart wie Papier – das ist Schönheit«, sagt Kamal.

Kulinarische Gespräche im Krankenhaus

Wie um diese Geschichte zu unterstreichen, finden wir uns zehn Minuten später in einem Wartesaal des Krankenhauses wieder – und fühlen uns wie auf einem Dorfplatz, inmitten von Beirut. Hier kennen sich alle. Zwei ältere Damen, Freundinnen von Kamals Tante, werden mir vorgestellt. Kamal zeigt ihnen das Kochbuch, das ich ihm gerade gegeben habe. Jedes Rezept, das wir uns ansehen, diskutieren wir. Sie wissen genau, wovon wir sprechen. Das nächste Mal solle ich sie besuchen und mit ihnen kochen und essen. Kamal fragt mich, ob ich die Speisekarte seines jüngsten Tawlet-Lokals, des Cafés in Hamra, noch einmal begutachten möchte. Möchte ich. Liebend gerne. *Yalla*.

Mein Wissen über die libanesische Küche wurde von Kamal geprägt. Ich kenne seine zehn »*Tabouleh*-Regeln« auswendig (siehe Seite 123) und predige sie, wann immer sich die Möglichkeit ergibt. Weil *Tabouleh* so viel mehr ist als ein einfacher Salat. Es ist die Lieblingsspeise von Kamal und seinem Libanon. Dieses Gericht sagt so viel über das Land, aus dem es stammt. Das Schöne an *Tabouleh* ist, dass er umso leckerer schmeckt, je besser man weiß, wie man ihn richtig zubereitet. Wenn man ihn ohne Know-how oder Liebe macht, ist er das langweiligste Gericht der Welt. Aber wenn man einen Blick auf die Seiten 120 und 122 wirft, merkt man, wie grandios er schmecken kann.

Ein Tag in Beirut à la Kamal

Und nun noch ein paar Tipps von Kamal: »In Beirut isst man zum Frühstück Streetfood wie Hummus oder *Foul* (Dips aus Kichererbsen bzw. Saubohnenkernen) – vor allem im armenisch geprägten Viertel Bourj Hammoud. Dort sollte man auch *Tahinov hatz* (ein süßes Gebäck mit Tahina) probieren. Zum Mittagessen genießt man dann *Mezze* im Al Halabi (siehe Seite 253) und später bei Sonnenuntergang einen Drink im Sporting Club Beach am Meer.«

SAJ EM ALI

BÜFETT IM TAWLET

BARON

PAPERCUP

KALEI COFFEE

Adressen

PAPERCUP – Eine prächtige Buchhandlung, die von der lustigen und talentierten Rania Naufal geschaffen und stilvoll ausgestattet wurde. Es gibt eine große Auswahl an Kochbüchern, aber auch Kunst- und Designbücher, Romane, Kinderbücher und die beste Zeitschriftenauswahl aller Zeiten. Ihre hausgemachten Kuchen sind ein Hit. Man isst sie in der Kühle der Klimaanlage und angenehmer Stille.

—

Agopian Building, Pharaoun Street, Mar Mikhael. papercupstore.com

TAWLET – Das erste originale Tawlet-Restaurant von Kamal Mouzawak und Geschäftspartnerin Christine Codsi und ihrem Team. Ein besonderer Ort, an dem ich so viele Stunden verbracht habe, mit Essen, Kochen und vor allem mit Reden. Es ist ein Treffpunkt, an dem der Libanon in seiner Vielfalt gefeiert wird. Wo jeden Tag andere libanesische Frauen aus verschiedenen Regionen und Dörfern ihre Spezialitäten für das große Büfett kochen, manchmal auch internationale Gastköche (einschließlich mir). Jahrelang stand das Lokal unter der Leitung des lieben und fleißigen Küchenchefs Fadi und des Managers Samir. Das schöne Interieur wird noch aufgepeppt dank Ausstellungen von Künstlern, Designern und Illustratoren. Das Publikum ist gemischt, von Vertretern der Oberschicht über verschiedene Arten von Diaspora, Kreativen, Feinschmeckern bis hin zu Wahlbeirutern mit einer Mission und auch immer mehr Touristen. Es ist ein hübscher kleiner Laden angegliedert, in dem man erlesene Zutaten und eine feine Auswahl libanesischer Weine kaufen kann. Darüber befindet sich ein B&B namens Beit Tawlet (*beit* bedeutet »Haus«). Nicht verpassen! Es gibt jetzt auch ein Tawlet in Hamra (siehe Seite 226).

—

Armenia Street, gegenüber vom Spoiler Center. Am Rand von Mar Mikhael soukeltayeb.com/tawlet

KALEI COFFEE – Diese Art von Kaffee-Paradies gibt es gleich zweimal in Beirut: In Geitawi und Ras Beirut (siehe Seite 226), beides Kaffeehäuser mit herrlichem Garten, eine Art Oase inmitten des Trubels der Stadt. Kaffeeenthusiastin, Barista und Besitzerin Dalia Jaffal röstet zusammen mit Mitinhaber Andre Fadel ihren eigenen nachhaltigen Kaffee von Plantagen ihrer Wahl, in Perfektion. Man bekommt hier allerbesten Kaffee in Beirut, ohne Kompromisse, oft kombiniert mit erstaunlichen Cocktails und Limonaden (Espresso-Zitronenlimo!) in einer perfekten Umgebung: Das Kalei macht das Leben in Beirut angenehm und tut nicht nur den Kunden etwas Gutes. Das Sauerteigbrot bezieht das Café aus der Bäckerei Sadalsuud, einer NGO, die mit syrischen Flüchtlingen zusammenarbeitet. Dies ist ein Ort voller Liebe. Außerdem gibt es auf der Speisekarte einen besonders festen regionalen *Labneh* aus dem Chouf-Gebirge (südlich von Beirut). Hier wird nichts dem Zufall überlassen. Das Kalei hat Herz und Seele und ist ein Segen für die Stadt.

—

Geitawi, direkt hinter der Armenia Street, Rue 54. kaleicoffee.com/ sadalsuudfoundation.org

TUSK BAKERY – Matt Warde Saunders, ein Brite in Beirut, hat vor einigen Jahren die Tusk Bakery, eröffnet – eine großartige Sauerteig-Bäckerei und einer meiner Favoriten. Hier backt man nicht nur große Brotlaibe mit eigenem Sauerteig, sondern arbeitet auch mit regionalen Bauern zusammen, die *Salamouni*-Getreide anbauen. Alles ist köstlich. Das Zatar-Croissant, das Croissant mit Weißkäse und Kreuzkümmel, das *Atta*-Brot mit *Salamouni*-Getreide, Kuchen, Kekse und feiner Kaffee, serviert auf einer Miniterrasse. Mittlerweile ist Matt auf Bitten seiner libanesischen Frau nach London umgezogen, aber die Tusk Bakery gibt es weiterhin, nun unter neuem Besitzer.

—

Khenchara Street, Mar Mikhael. tuskbakery.com

SIP UND CORTADO – Wie jede Stadt liebt Beirut hippe Cafés. Ins **Sip** – mit einem netten kleinen Garten – und in das winzige **Cortado** verliebt man sich schon beim ersten Besuch. Das Sip hat kürzlich auch ein nettes Hotel nebenan eröffnet: The Lost Hotel.

—

Beide etwa in der Mitte der Gouraud Street, mit dem Rücken zum Stadtzentrum gesehen auf der linken Seite.

URBANISTA – Großes Tagescafé mit Laden und schönem Garten. Der Kaffee ist gut, aber nicht der beste in Beirut. Inzwischen gibt es auch eine Filiale in Hamra.

—

weare-urbanista.com

GINETTE – Edles Restaurant und Café mit einer schönen Terrasse sowie einer Boutique für Kunst und Design. Man sollte mit gut gefüllter Brieftasche kommen, denn hier ist es nicht ganz billig – auch das ist Beirut.

—

Gouraud Street, Gemmayzeh. ginettebeirut.com

BARON UND MARYOOL – Die Restaurants Baron und Maryool befinden sich beide gegenüber vom Papercup. Das Baron, mit dem griechischen Küchenchef Athanasios Kargatzidis, serviert Aromen in Großbuchstaben, keine traditionelle Küche, sondern eine explosive Mischung aus mediterranen und anderen Gerichten, wie man es auch in London und Amsterdam findet. Mit einem Hauch von Yotam Ottolenghi. Das Maryool dagegen, mit Chefköchin Reem Azoury, setzt ganz auf die arabischen Kochtraditionen. Azoury hat sich auch mit anderen schönen Initiativen wie dem Restaurant, Cateringservice und Shop Meat the Fish einen Namen gemacht. Sie kreiert spezielle Menüs voller berühmter und unbekannter Gerichte aus Ländern wie Bulgarien, Tunesien oder dem Irak, so etwa *Kibbeh* auf *Egg Mosul, Shoarma*, *Kibbeh bi laban* (*Kibbeh* in Joghurtsauce), *Maryools Sayadieh* (Reis mit Fisch) oder die Erbsensuppe *Leblebi*. Alle Gerichte sind köstlich und werden in einem schönen, reduzierten Interieur serviert. Ein neuer Klassiker!

—

Pharaoun Street, Mar Mikhael. maryool.com/ tastykitchens.com/baron

MAKAN – Das Restaurant ist in einer antiken Traumvilla mit einem wunderschönen Garten untergebracht. Gastköche bestimmen das Menü; von syrisch über indisch, srilankisch und hawaiianisch. Das Konzept war jahrelang »All you can eat, pay as you want«, aber heute gibt es einen Festpreis, der allein schon durch das schöne Interieur gerechtfertigt ist. Auf Facebook kann man sich darüber informieren, was an welchem Tag auf der Karte steht.

—

Patriarch Arida Street, Mar Mikhael.

ENAB – Großes *Mezze*-Restaurant mit frischen, traditionellen Spezialitäten und einer farbenfroh-nostalgischen Einrichtung und schönem Garten. Es liegt direkt neben der Treppe, die ins Geitawi führt, und zahlreichen Bars.

—

Armenia Street, Mar Mikhael. enabbeirut.com

STRADA 51, BLUE VINYL UND SOLE INSIGHT – Diese kleinen, stimmungsvollen Bars auf der Vendome-Treppe, gleich neben dem Restaurant Enab, sieht man erst, sobald man die steilen Stufen erklimmt (die an einen Inka-Tempel erinnern). Besonders bei Sonnenuntergang findet man hier die idealen Plätze für ein kaltes Almaza-, Beirut- oder Colonel-Bier. Es gibt mehrere schöne Treppen von Mar Mikhael nach Gemmayzeh, darunter die St. Nicolas Stairs in Gemmayzeh, auf deren Stufen in den Sommermonaten sogar ein Filmfestival stattfindet.

—

Vendome Stairs.

OSLO – Die Eisdiele von Nayla Audi, die (von Beirut bis Los Angeles) für ihr Eis berühmt ist, insbesondere für ihr türkisch inspiriertes *Rosen-Lokum-Eis* – ein Muss!

—

Kleines Geschäft in der Armenia Street in Mar Mikhael, nahe Ecke Rue Madrid und mit einer Filiale in Verdun. osloicecream.com

BACHIR – Die Eisdiele Bachir ist an sechs Orten in der Stadt vertreten (siehe Website). Das Eis ist nicht handgemacht, aber es gibt die typisch libanesischen Geschmacksrichtungen wie *Ashtah* (Sahnecrème) mit Pistazienkernen.

—

Am Ende der Armenia Street, Mar Mikhael. bachir.com

ANISE – Es gibt unzählige Bars in Beirut. Stets kommen neue hinzu und andere verschwinden, aber einige haben Bestand. In Mar Mikhael besuche ich gerne das Anis, weil es eine feine kleine und stilvolle Bar ist – und weil der Besitzer, Hicham, Arak-Manufakturen in libanesischen Bergdörfern unterstützt. Daher auch der Name (Arak wird aus Anis hergestellt). Ich mag den Arak-Cocktail mit Zatar oder Salbei besonders.

—

Alexander Fleming Street.

STRADA51
HAPPY Hour
4:00 → 9:00

VENDOME STAIRS

INTERNAZIONALE – Das »Inter«, wie es die Beiruter nennen, ist ein Klassiker. Sehr geeignet, um sich als echter Einheimischer zu fühlen und mit kreativen Menschen ins Gespräch zu kommen. Mit Blick auf ein phänomenales Plakat eines Flugzeugs aus den Fünfzigerjahren von Middle Eastern Airlines im Innenraum.

—

Armenia Street.

TORINO EXPRESS – In Gemmayzeh gibt es den Torino Express – ein legendärer Veteran, eine kleine Bar, die an Amsterdamer Bars erinnert.

—

Gouraud Street, Gemmayzeh.

ESTRAGONFLY – Ein paar Türen weiter, ebenfalls in Gemmayzeh, gibt es diese kleine, aber feine Bar mit ebenfalls leckeren Cocktails.

—

Gouraud Street, Gemmayzeh.

DEMO – Gleich um die Ecke in der Rue du Liban findet man das Demo, für kreative und alternative Menschen.

—

Rue du Liban, Gemmayzeh.

STANDARD – Relativ neu in der Stadt und punktet hauptsächlich mit der schönen Terrasse.

—

Gouraud Street, Gemmayzeh.

ELECTRIC BING SUTT – Eine Bar mit Herz und Seele und asiatisch inspiriert. Sie bildet einen Gegenpol zum Em Ali (siehe zwei Adressen weiter), was eine sehr gute Kombination ist.

—

Gouraud Street, Gemmayzeh.

ABU TONY – Köstliche nächtliche Snacks oder Nachmittagssandwiches bekommt man in Beirut bei Abu Tony. Ich bestelle gerne seine leckeren Sandwiches als Reiseproviant für den Rückflug. Solche mit Blumenkohl zum Beispiel (siehe Seite 116) oder mit Hühnerleber oder *Sujuk*.

—

Alexander Fleming Street.

EM ALI – Die Köchin und Bäckerin (identisch mit der vom Souk el Tayeb, siehe Seite 103) führt mittlerweile auch ein Streetfood-Lokal bzw. eine *Saj*-Bar (eine *saj* ist die konvexe Platte, auf der man *Man'ouche* backt). An einfachen Tischen genießt man hier köstliches *Man'ouche* aus einem ganz besonderen Teig und mit ganz besonderen Füllungen! Die »Teig-Königin« selbst steht nicht so oft am Herd, aber das macht das Lokal nicht weniger interessant. Ein Muss!

—

Gouraud Street, gegenüber dem Electric Bing Sutt, Gemmayzeh.

LE CHEF – Dieses Lokal gibt es schon eine Weile. Man bekommt hier sehr anständiges libanesisches Essen in einer gemütlichen Atmosphäre. Eigentümer Charbel begrüßt mich und alle anderen bis heute herzlichst, und man findet nach wie vor typische Klassiker auf der Speisekarte: *Mujardara* (Reis mit Linsen), *Solokhia* (Reis mit Gemüse und Huhn), *Sayadieh* (Reis mit Fisch). Die Gäste bestehen meist aus einer Mischung aus Libanesen und Touristen.

—

Gouraud Street, Gemmayzeh.

AS SADIQAA – Ich habe hier eines meiner ersten *Fatteh* gegessen (Kichererbsen mit Joghurt und knusprigem Brot) in einer riesigen Schüssel. Dieses kleine Lokal ermöglicht immer einen sehr schönen Start in den Tag, mit all den üblichen Verdächtigen: *Fatteh*, Hummus, *Foul* und so weiter. Nur morgens geöffnet, winzig klein und leicht zu übersehen, was schade wäre!

—

Rue Pasteur, nahe der Ecke Gouraud Street, Gemmayzeh.

MAYRIG – Armenisches Restaurant im Luxus-Stil von Aline Kamakian, die die Traditionen der armenischen Diaspora bewahren will und mit einer eigenen Note versieht.

—

282 Rue Pasteur, Gemmayzeh. mayrigbeirut.com

EM NAZIH UND COOP D'ETAT –

Ich kam früher gerne hierher, als das **Em Nazih** noch ein Stück kleiner war. Inzwischen ist es ein großes Café geworden, halb draußen, halb drinnen, aber immer noch gemütlich und mit guten *Mezze*, *Man'ouche*, Wasserpfeifen und Drinks für die Gäste der Herberge und von außerhalb. Oben auf der Dachterrasse – auf die man über die Treppe im Inneren gelangt – gibt es das **Coop d'Etat**, früher völlig offen und unter freiem Himmel, was fantastisch war. Jetzt ist die Bar zur Hälfte überdacht, dennoch ist der Blick auf Hafen und Meer immer noch atemberaubend.

—

Rue Pasteur, Gemmayzeh. saifigardens.com

BLUE HOUSE PRIVATE TEA SALON – Der kreative Tausendsassa Badeeh Abla wählt erlesene Teesorten aus, die man vor Ort (im Salon oder im Garten) mit einem Stück Kuchen genießen oder zum Mitnehmen kaufen kann. Darunter auch libanesischer Yansoon-Tee aus bestem Anis.

—

Gouraud Street Alley 507, kurz vor der Kreuzung, mit dem Rücken zur Innenstadt gesehen auf der rechten Seite, Gemmayzeh. bluehousetea.com

DAR EL GEMMAYZEH – Klassische Shisha-Bar in semi-modernem Restaurant im Stil der Fünfzigerjahre, inmitten eines *Mezze*-Viertels. Leckere *Mezze*.

—

Am Beginn der Gouraud Street, mit dem Rücken zum Stadtzentrum gesehen an der Ecke links, Gemmayzeh.

TAWLET

TUSK BAKERY

Sandwich arnabeet

Gefüllte Fladenbrote mit Blumenkohl und Zitronen-Tahina à la Abu Tony

ERGIBT 4 SANDWICHES

1 kleiner Kopf Blumenkohl

Frittieröl

Salz

150 ml weiße Tahina

Schale und Saft von 1 Bio-Zitrone, fein abgerieben und frisch gepresst

1 sehr reife und saftige Tomate (wie etwa vom Bauernmarkt – das macht wirklich einen Unterschied!)

1 Bund frische glatte Petersilie

4 frisch gebackene Fladenbrote (siehe Seite 205) oder vorgebackene arabische Fladenbrote

Eingelegte Speiserüben (siehe Seite 59)

Einige Jahre lang wohnte ich im Vergnügungsviertel Mar Mikhael. Es fühlt sich ein bisschen unfair an, es so zu nennen, denn eigentlich ist es kein Vergnügungsviertel, sondern eine armenisch geprägte Wohngegend. Mittlerweile sind dort aber so viele Bars und Restaurants aus dem Boden geschossen, dass der Stadtteil zu einer regelrechten »Bar-Walhalla« geworden ist. Nicht zur Freude aller, die dort leben, aber sehr zur Freude der Ausgehlustigen. Wer nachts in Bars wie Internazionale oder Anise unterwegs ist und Hunger bekommt, sollte bei Abu Tony vorbeischauen, der an den Feiernden so gut verdient, dass er sein kleines Lokal vor Kurzem frisch renoviert hat. Er verkauft aber immer noch seine authentisch libanesischen Fladenbrote, gefüllt mit *Sujuk* oder Hühnerleber. Es gibt auch mexikanische Varianten und welche mit Thunfisch oder Krabben, die ich aber gerne links liegen lasse, angesichts meines klassisch libanesischen Favoriten mit Blumenkohl (eine im Nahen Osten überaus beliebte Zutat). Meine Version kommt Abu Tonys Original sehr nahe.

— Den Blumenkohl in kleine Röschen zerteilen und kurz in einem Topf in kochendem Wasser blanchieren. Durch ein Sieb abgießen und trocken tupfen. Die Blumenkohlstücke portionsweise in einer Pfanne (oder Fritteuse) in Öl goldbraun frittieren, dann mit einem Schaumlöffel herausheben und auf Küchenkrepp abtropfen lassen. Auf einen Teller geben und mit etwas Salz bestreuen.

— Die Tahina in einer kleinen Schale mit dem Zitronenabrieb und -saft sowie etwas Salz vermengen und optional etwas Wasser unterrühren, falls die Sauce zu dick ist.

— Die Tomate in dünne Scheiben schneiden. Die Blätter der Petersilie abzupfen.

— Ein erstes Fladenbrot auf der Arbeitsfläche ausbreiten und mittig streifenförmig etwa ein Achtel der Zitronen-Tahina-Mischung darauf verstreichen. Ein Viertel des frittierten Blumenkohls daraufgeben sowie ein paar Tomaten- und Speiserübenscheiben, dann alles mit einem weiteren Achtel der Zitronen-Tahina-Mischung beträufeln und mit etwas Petersilie bestreuen. Das Fladenbrot zusammenklappen. Die restlichen Fladenbrote auf die gleiche Weise füllen und sofort genießen!

Salatit malfouf ma sumac w habet el kesbara

Weißkohlsalat mit Sumach-Zitronen-Koriander-Dressing

FÜR 4–6 PERSONEN

½ Kopf Weißkohl, fein gehobelt

2 EL Koriandersamen

1 EL Sumach

Schale und Saft von 1 Bio-Zitrone, fein abgerieben und frisch gepresst

kalt gepresstes Olivenöl

Salz

Kohlsalat wird im Libanon oft und gerne gegessen. Die gerösteten Koriandersamen geben der Sache einen Kick: nussig und frisch zugleich.

— Den Kohl in eine Schüssel geben. Die Koriandersamen in einer Pfanne anrösten, bis sie aromatisch duften. Im Mörser grob zerstoßen und mit dem Sumach sowie dem Zitronenabrieb unter dem Kohl mischen. Mit Zitronensaft, Olivenöl und Salz abschmecken und genießen.

Moutabel arnabeet ma zeit badounes w kesbara w Labneh

Frittierter Blumenkohl mit Tahina, Labneh, Petersilien-Koriander-Öl und gebackenem Knoblauch

FÜR 4–6 PERSONEN

1 kleiner Kopf Blumenkohl, in kleine Röschen zerteilt

Salz

Frittieröl

4 EL *Labneh*

ein paar Zweige frische glatte Petersilie

100 ml hochwertiges, kalt gepresstes Olivenöl, plus etwas Olivenöl extra

2 EL Koriandersamen

Schale von 1 Bio-Zitrone, fein abgerieben

3 EL Pinienkerne

3 Zehen Knoblauch, grob zerdrückt

150 ml weiße Tahina

Ein aufgepeppter Klassiker: Der zarte Geschmack des Blumenkohls harmoniert perfekt mit der nussigen Tahina und dem würzigen Öl. Der pürierte gebratene Knoblauch ist wahnsinnig lecker, auf fast allem.

— Den Blumenkohl kurz in einem Topf in kochendem Wasser blanchieren. Abgießen und trocken tupfen. Die Blumenkohlstücke portionsweise in einer Pfanne (oder Fritteuse) in Frittieröl goldbraun frittieren, dann mit einem Schaumlöffel herausheben und auf Küchenkrepp abtropfen lassen. In eine Schüssel geben.

— Den *Labneh* mit 2 EL Wasser in einer kleinen Schale zu einer dickflüssigen Sauce verrühren.

— Die Petersilie mit dem Olivenöl im Standmixer (oder in einer Schüssel mit dem Stabmixer) pürieren und das Öl durch ein Sieb in eine kleine Schale abgießen. Die Koriandersamen kurz in einer Pfanne anrösten, im Mörser grob zerstoßen und mit Zitronenabrieb sowie etwas Salz unter das Petersilien-Öl rühren. Die Pinienkerne in etwas Öl goldbraun in der Pfanne anbraten, herausnehmen. Den Knoblauch im Öl der Pinienkerne goldbraun anbraten. Die *Labneh*-Sauce und ein wenig Tahina über dem Blumenkohl verteilen. Mit dem Petersilie-Koriander-Öl beträufeln und mit den Pinienkernen sowie dem Knoblauch garniert servieren. Die restliche Tahina in einer Schale zum Dippen dazu reichen.

Calamar mehsi bi roz w kesbora

Kamals mit Reis gefüllter Tintenfisch

FÜR 6 PERSONEN

175 g Reis, gegart

1 große Tintenfischtube*

1 Bund frisches Koriandergrün

2 Tomaten

1 Zwiebel

2 EL Olivenöl, plus etwas Olivenöl extra zum Beträufeln

Salz und Pfeffer aus der Mühle

Saft von 2 Zitronen, frisch gepresst

** Schnabel, Platte und Tintenbeutel entfernen und die Tube gründlich ausspülen (oder den Fischhändler darum bitten, diese Arbeit auszuführen).*

Dieses Gericht ist in seiner Einfachheit herrlich überraschend! Die Kombination von säuerlich-würzigem Reis mit Koriander, Tomate, Zwiebel und Zitronensaft und dem fast süßen, zarten Fleisch des Tintenfisches ist wirklich köstlich. Kamal bereitet diese Köstlichkeit schon so lange zu, wie ich ihn kenne. Sie ist einfach gemacht und ein Hingucker auf jedem Büfett. Die hier abgebildete Variante habe ich eines Abends auf der Dachterrasse Freunden serviert, die gekommen waren, um die Ergebnisse einiger Fotosessions (leckeres Essen in großen Mengen) zu »entsorgen.« Das Rezept für den *Tabouleh* befindet sich auf Seite 122.

— Den Backofen auf 180 °C (Ober-/Unterhitze) vorheizen.

— Den gekochten Reis in eine Schüssel geben.

— Den Koriander fein hacken. Die Tomaten und die Zwiebel in sehr kleine Würfel schneiden (*Brunoise*) und alles mit dem Reis vermischen. Mit dem Olivenöl vermengen und mit Salz, Pfeffer sowie Zitronensaft abschmecken.

— Den Kalmar innen und außen abspülen und trocken tupfen. Dann in eine Auflaufform legen und mit der Reis-Mischung füllen. Die Tubenöffnung mit Holzspießen verschließen. Einen Schuss Wasser in die Auflaufform geben und den Tintenfisch mit etwas Olivenöl besprenkeln und mit etwas Salz bestreuen.

— Im vorgeheizten Backofen 45–60 Minuten backen, bis der Tintenfisch gar und leicht gebräunt ist. Etwas abkühlen lassen und in Scheiben schneiden.

— Mit *Tabouleh* genießen.

Echter Tabouleh à la Kamal

Petersilien-Bulgur-Salat mit Minze und Paprika

FÜR 4 PERSONEN

2 große Bund Petersilie

½ Bund frische Minze

½ grüne Paprikaschote

Salz und Pfeffer aus der Mühle

Schale und Saft von 2 Bio-Zitronen, fein abgerieben und frisch gepresst

1 Frühlingszwiebel, gehackt

100 g vorgegarter extrafeiner Bulgur

3 EL hochwertiges, kalt gepresstes Olivenöl

Man könnte sagen, dass ich eine *Tabouleh*-Meisterklasse besucht habe. Kamal Mouzawak, der Gründer des Bauernmarkts Souk el Tayeb und einer Reihe von Tawlet-Restaurants und B&B's, hat mich vor mehr als zehn Jahren einer strengen Ausbildung unterzogen. Ich habe seine zehn *Tabouleh*-Regeln (siehe gegenüber) nie vergessen und gebe sie gerne weiter. Denn es ist wahr: Wenn man einen *Tabouleh* zur wahren Geltung kommen lässt (im Wesentlichen ist es ein Petersiliensalat mit viel Zitrone und wenig Bulgur), ist er etwas Herrliches. Eine frische und säuerliche Köstlichkeit, die nach immer mehr und mehr schmeckt. Es geht um die richtige Balance zwischen Petersilie und Bulgur, gut abgeschmeckt mit Salz und vor allem frischem, sauren Zitronensaft. Wer glaubt, dies sei ein einfacher Salat, der irrt sich. Seine Zubereitung verlangt einem viel Liebe und Aufmerksamkeit ab. Aber es lohnt sich! Siehe hierzu das Bild auf Seite 120, in der köstlichen Kombination mit gefülltem Tintenfisch.

— Die Petersilienbünde in schöne gleichmäßige Bündel teilen. Das ist sehr wichtig, um die Stängel feiner und die Blätter etwas gröber hacken zu können.* Die Minzeblätter abzupfen. Dann die Kräuter mit einem scharfen Messer fein hacken und in einer Schüssel beiseitestellen.

— Die Paprikaschote ebenfalls fein hacken und in einer Salatschüssel mit etwas Salz und Pfeffer vermischen. Zitronenabrieb und -saft untermengen.

— Kurz vor dem Servieren dann die Frühlingszwiebel, den Bulgur, das Olivenöl und die frischen Kräuter untermengen und alles nochmals nach Gusto abschmecken. Ein *Tabouleh* sollte ganz frisch und schön sauer sein: dann isst man gerne weiter. Aber natürlich kann man ihn dem eigenen Geschmack anpassen.

— Mit Blättern von Römersalat, Weißkohl und/oder Fladenbrot servieren.

** Libanesische Frauen hacken die Bündel von den Stängeln bis zu den Blättern, denn ja, die fein geschnittenen Stängel kommen auch in den Salat, sie stecken voller Geschmack und Saft.*

Kamals zehn Tabouleh-Regeln

1 Tabouleh ist ein Petersiliensalat mit glatter Petersilie, **2** mit wenig Bulgur (und jetzt muss ich streng sein, wie er: niemals Couscous!), **3** der à la minute handgemacht wird, **4** dessen Zutaten fein gehackt und nie zerhäckselt werden, **5** der Frühlingszwiebeln oder weiße Zwiebel enthält, **6** bei dem die Minze schnell gehackt werden muss, damit sie sich nicht verfärbt, **7** der kurz vor dem Servieren gewürzt wird mit **8** Zitronenabrieb, Olivenöl, Salz und Pfeffer, **9** wobei als Öl immer Olivenöl verwendet wird, **10** und der fein gehackten grünen Pfeffer enthalten kann.

Sfouf bi dibs ma hél

Grießkuchen mit Carobmelasse und Kardamom

FÜR 6–8 PERSONEN

3 Kardamomkapseln, aufgebrochen

250 g Weizenmehl Type 405

365 g feinkörniger Semolina-Grieß

4 gehäufte TL Backpulver

1 TL gemahlene Kurkuma

100–200 g Pistazienkerne und Pinienkerne (gemischt)

200 ml mildes Oliven- oder Sonnenblumenöl

400 g Carobmelasse (in Bio-Supermärkten oder gut sortierten Drogeriemärkten erhältlich)

3 EL weiße Tahina

Ich habe diesen klassischen Carobkuchen einfach etwas dünner gemacht, sodass er von der Struktur her eine Art von Brownie ist. Statt des typischen Anis habe ich Kardamom verwendet: Dieses Gewürz passt sehr gut zu den süßen Zutaten der nahöstlichen Küche, insbesondere zu Carob oder Datteln, und ich liebe es sehr (siehe Seite 18). Als ich die Gerichte für dieses Buch zubereitete, um sie zu fotografieren, machte ich gewöhnlich im Anschluss an die Fotosessions ein Büfett und lud spontan Freunde zum Essen ein. Diese Version wurde von meinen Gästen mit Jubel empfangen.

— Den Backofen auf 200 °C (Ober-/Unterhitze) vorheizen.

— Die Kardamomkapseln 5 Minuten in 250 ml Wasser in einem Topf kochen. Das Kardamom-Wasser abkühlen lassen, dann die Kardamomkapseln entsorgen, die Flüssigkeit beiseitestellen.

— Mehl, Grieß, Backpulver, Kurkuma, Pistazien- und Pinienkerne in einer Rührschüssel vermischen (ein paar Pistazien- und Pinienkerne zum Garnieren beiseitelegen). Das Öl hinzufügen und unterrühren. Dann die Carobmelasse und die Tahina unterziehen. Anschließend so viel Kardamom-Wasser untermengen, bis der Teig eine weiche, jedoch nicht flüssige Konsistenz hat.

— Den Boden einer quadratischen Backform mit Backpapier auslegen, den Teig darauf verteilen und glatt verstreichen. Die beiseitegelegten Pistazien- und Pinienkerne auf dem Teig verteilen.

— Im vorgeheizten Backofen etwa 20–25 Minuten backen, bis bei der Garprobe der Spieß, den man mittig in den Kuchen pikst, sauber wieder herauskommt.

— In der Form abkühlen lassen und in Quadrate oder Rauten schneiden. In netter Runde genießen!

Salatit Labneh, ma felfel, ghyar, muhadara, sumac, toot, nana w fistok

Labneh mit Radieschen, Fenchel, Sumach, Maulbeeren, frischen Kräutern und Pistazienkernen

FÜR 4 PERSONEN

5 EL *Labneh* (siehe Seite 43)

2 mittelgroße Essiggurken

4 Radieschen

1 kleine Knolle Fenchel

1 EL Sumach

1 Tasse frische Maulbeeren oder Brombeeren

75 g Pistazienkerne

hochwertiges, kalt gepresstes, grünes Olivenöl

1 kleine Handvoll frische Minze-, Dill- und Estragonblätter

Fleur de Sel

Ich habe ein neues Lieblingsgericht. Und zwar *Labneh* in einer dünnen Schicht unter knackigem Salat, wobei der feste Joghurt beim Essen zu einem köstlich cremigen Dressing wird. Das Ganze ist außerdem ein echter Augenschmaus. Für dieses Rezept habe ich verwendet, was ich gerade auf dem Markt fand, aber ich bin mir sicher, dass ich noch unzählige Variationen davon machen werde. Mit dünnen Tomaten-, Aprikosenscheiben vielleicht oder mit eingelegten Speiserüben (siehe Seite 59) und viel Minze, Petersilie und Mandeln. Nun, mit allem, was gerade zur Verfügung steht und mich anlacht. Das Gericht ist keine klassische Beiruter Spezialität, aber die Zutaten passen wunderbar zu dem cremigen, salzigen *Labneh*, wie funkelnde Juwelen auf einem schönen weißen Kleid.

— Den *Labneh* glatt auf einer flachen Servierplatte verstreichen.

— Gurken, Radieschen und Fenchel mit einer Gemüse-Mandoline in sehr dünne Scheiben hobeln und auf dem *Labneh* verteilen. Mit Sumach bestreuen.

— Die Maulbeeren oder Brombeeren halbieren und über dem Salat verteilen.

— Die Pistazien grob hacken und in einer Pfanne ohne Fettzugabe trocken anrösten.

— Den Salat mit Olivenöl besprenkeln und mit Pistazienkernen, Minze, Dill, Estragon sowie Fleur de Sel bestreut servieren.

Batata harra ma habet el kesbora

Geröstete Kartoffelwürfel mit Koriander, Knoblauch, Aleppo-Pfeffer-Öl und Zitrone

FÜR 4–6 PERSONEN

750 g mediterrane Kartoffeln (wie etwa aus Marokko, Zypern oder Malta)

Olivenöl

Salz

2 Bund frisches Koriandergrün

3 EL Koriandersamen

3 Zehen Knoblauch

Schale und Saft von 1 Bio-Zitrone, fein abgerieben und frisch gepresst

2 EL Aleppo-Pfeffer oder *Pul biber*

***Batata harra* ist ein Gericht, das eigentlich immer schmeckt, aber wahnsinnig lecker ist, wenn es mit Liebe und Aufmerksamkeit zubereitet wird. Meine Version kommt dem Original sehr nahe, aber zerstoßene Koriandersamen verleihen der Sache eine unerwartet würzige, frische Note. Und der Knoblauch macht das Ganze unwiderstehlich. Den Zitronensaft sollte man erst kurz vor dem Servieren über die Kartoffeln träufeln, damit sie knusprig bleiben. Vorsicht: Extreme Suchtgefahr.**

— Den Backofen auf 200 °C vorheizen (Ober-/Unterhitze). Ein Backblech mit Backpapier auslegen.

— Die Kartoffeln schälen und in mundgerechte Würfel schneiden. Die Kartoffelwürfel auf dem Backblech verteilen, mit etwas Olivenöl besprenkeln und mit Salz bestreuen. Dann 35–40 Minuten im Backofen backen, bis sie hell goldbraun sind.

— In der Zwischenzeit das Koriandergrün fein hacken. Die Koriandersamen im Mörser zerstoßen. Den Knoblauch, den Zitronenabrieb und den Aleppo-Pfeffer hinzufügen und alles zu einer Gewürzpaste zermörsern.

— Die gebackenen Kartoffeln aus dem Ofen nehmen, die Gewürzpaste untermengen, und alles unter dem Grill weitere 5–10 Minuten backen, dabei ab und zu umrühren.

— Sofort servieren und erst am Tisch den Zitronensaft darüberträufeln.

Kibbet laq'teen ma basal w za'atar

Kürbis-Kibbeh mit Zwiebeln und Zatar

FÜR 4–6 PERSONEN

Für den Teig

1 Flaschenkürbis (etwa 1,5 kg)

225 g vorgegarter extrafeiner Bulgur

1 Msp. gemahlener Zimt

1 Msp. gemahlenes Piment

Schale von ½ Bio-Orange, fein abgerieben

Salz

3–4 EL Weizenmehl Type 405

Für die Füllung

300 g Kürbisfruchtfleisch

Salz

4 Zwiebeln

2 Zehen Knoblauch

Olivenöl

ein paar Zweige frisches Zatar-Kraut (oder Oregano), die Blätter abgezupft*

Frittieröl

1 Portion *Labneh* (siehe Seite 43)

Granatapfelsirup

** Hierzulande kann man manchmal Oregano in türkischen Geschäften finden, der Zatar sehr ähnlich ist.*

Kürbis funktioniert großartig, um diese großen ovalen Bällchen herzustellen, die sonst oft aus Hackfleisch bestehen. Die Idee für die Füllung stammt von mir und ist überaus simpel: Kürbis mit gebratenen Zwiebeln und frischem Zatar oder Oregano. Mit genügend Salz, um den süßen Geschmack des Kürbis auszubalancieren. Ich mag diese *Kibbeh*-Variante sogar noch lieber als die mit Fleisch. Die klassische Version mit einer Füllung aus Erbsen und Mangold mag ich auch, finde sie aber etwas schwerer. Dies ist ein schmackhafter Snack und ein Willkommenshäppchen auf einem echten Beirut-Büfett. Auch köstlich mit mediterranem Salbei anstelle von Oregano oder Zatar. Wenn man diese Bällchen zum ersten Mal herstellt, kann es eine Herausforderung sein, einen geschmeidig-glatten Kürbis-Teig zu erhalten. Gut kneten und ein wenig Mehl und etwas Wasser hinzuzufügen hilft, wenn der Teig zu krümelig ist. Und wieder: Übung macht den Meister, wirklich! Libanesische Frauen stellen diese Köstlichkeiten zu Hunderten her, und je mehr man macht, umso leichter geht es von der Hand.

— Den Backofen auf 180°C vorheizen (Umluft).

— Für den Teig den Kürbis halbieren, die Kerne mit einem Löffel herauskratzen und die Kürbishälften im vorgeheizten Backofen 30–40 Minuten backen, bis sie weich sind. Etwas abkühlen lassen. Etwa 800 g des Fruchtfleisches mit einem Löffel herauslösen. 500 g davon in eine Schüssel geben, 300 g für die Füllung beiseitestellen. Die 500 g in der Schüssel mit einem Kartoffelstampfer zu Püree zerdrücken (falls sich das Püree noch zu feucht anfühlt, es auf ein mit Backpapier ausgelegtes Backblech streichen und 30 Minuten bei 100 °C im Backofen leicht trocknen). Dann Bulgur, Zimt, Piment und Orangenabrieb untermischen. Alles gut durchkneten und mit etwas Salz abschmecken. Etwas Weizenmehl und optional ein paar Tropfen Wasser (oder mehr Mehl) hinzufügen. Nochmals gut durchkneten, sodass ein griffiger und geschmeidiger Teig entsteht. An einem kühlen Ort 30 Minuten ruhen lassen.

Fortsetzung auf Seite 132

— In der Zwischenzeit die Füllung zubereiten. Hierfür das Kürbisfruchtfleisch mit etwas Salz in einer Schüssel zerstampfen.

— Die Zwiebeln halbieren und in Ringe schneiden. Den Knoblauch fein hacken und beides mit einem Schuss Olivenöl in einer Pfanne in 15–20 Minuten goldbraun anschwitzen. Mit Salz abschmecken.

— Die Zatar-*B*lätter (alternativ den Oregano) fein hacken, mit der Zwiebel-Knoblauch-Mischung unter das Kürbis-Püree für die Füllung heben und alles nach Gusto abschmecken. Beiseitestellen.

— Aus dem Kürbis-Mehl-Teig portionsweise mit den angefeuchteten Händen ein erstes Bällchen mit einem Durchmesser von 2–3 Zentimetern rollen und mit dem Daumen eine Vertiefung hineindrücken, um eine Art ovalen Beutel zu formen – also den angefeuchteten Daumen in den Teig drücken und drehen, sodass der Teig dünner wird (zu dick wäre weniger lecker). 1 TL Füllung in den Beutel geben. Er darf ziemlich gut gefüllt werden, aber nicht bis ganz oben hin, also oben ein Stückchen frei lassen. Die Beutelränder an einer Seite mit den Fingern sanft zusammendrücken, dann auf der anderen Seite zusammendrücken und alles vorsichtig zwischen den Händen zu einem ovalen Päckchen formen, das schön glatt ist. Die restlichen Päckchen auf die gleiche Weise herstellen.

— Frittieröl in einer Fritteuse oder in einer hohen Bratpfanne erhitzen und die Päckchen darin portionsweise leicht goldbraun frittieren. Auf Küchenkrepp abtropfen lassen.

— Mit cremigem *Labneh* und Granatapfelsirup servieren.

فطاير
فطاير
فطاير

BOURJ HAM-MOUD

برج حمّود

What's in a name?
Beirut – Bayrut – Beyrouth – Bayrouth:
Was ist richtig? Man sieht das öfter: Libanesische/ arabische Wörter, auf unzählige Arten geschrieben. Sie alle sind Transkriptionen des Arabischen, es gibt dabei also kein **Richtig oder Falsch.**

Kapitel 4
Armeniatown: Ein Patchwork aus Gassen, Gerichten und Kulturen

Im Libanon sind die Armenier fast wie die Indonesier in den Niederlanden: Ein Teil der Kultur. Nach dem Zusammenbruch des Osmanischen Reiches kamen viele armenische Flüchtlinge nach Beirut. Sie durften sich am Ostufer des Flusses Beirut (Karantina, heute ein Hotspot der Kunstszene) niederlassen und dort Häuser bauen. Bourj Hammoud ist immer noch eine Anlaufstelle für Geflüchtete, auch angesichts der syrischen Krise. Ich kenne einige Syrer in Amsterdam, die zunächst für einige Monate in Bourj Hammoud untergekommen waren.

Backgammon-Spieler und der Geruch von Lebensmitteln

Am Ende der Armenia Street in Mar Mikhael, auf der anderen Seite der Brücke und des im Sommer fast ausgetrockneten Flusses Beirut, dessen Ufer teils stark verschmutzt und mit Sonnenkollektoren übersät sind, erstreckt sich ein besonderer Teil der Stadt, der an ein großes Dorf erinnert: Bourj Hammoud. Ein Stadtteil, der sich mit seinem Charakter und seiner Eigenheit vom Rest der Stadt unterscheidet. Kleine Gassen, durch die sich kleine und große Autos zwängen, auch dort, wo es eigentlich unmöglich erscheint, und ein Viertel mit einer ausgesprochen freundlichen Atmosphäre. Die Menschen, die dort leben, spielen gerne Brettspiele; Männer sitzen vor Backgammon-Spielen, nur auf Stühlen, auf den Bürgersteigen und Plätzen. Manchmal begegnet man armenischen Müttern in Schürzen. Kinder tollen herum und überall gibt es Essen. Insgeheim finde ich die armenisch-libanesische Küche am köstlichsten. Sie unterscheidet sich von der traditionellen Küche in Armenien, obwohl es Überschneidungen gibt. Sie ist auch nicht identisch mit der »normalen« libanesischen Küche. Auf jeden Fall zeigt sie deutlich, dass die Armenier gut integriert sind und ihr Essen von allen geliebt wird.

TAMAR HADECHIAN

Meine armenisch-libanesische Freundin Tamar

Eine lebenslustige Zahnärztin

Tamar Hadechian ist Libanesin mit armenischen Wurzeln. Sie ist Zahnärztin und im Viertel Mar Mikhael in Beirut aufgewachsen. Heute lebt sie in der Küstenstadt Batroun, arbeitet aber in Beirut. Ich kenne Tamar seit über zehn Jahren, und sie ist ein Paradebeispiel für »diese anderen« Libanesinnen – unabhängig, eigenwillig, kreativ, schnörkellos und voller Lebensfreude.

Backen auf Bestellung

»Meine Mutter hat das Fleisch beim Metzger in Bourj Hammoud gekauft, und auch die Petersilie und alles«, sagt Tamar, während sie unser Mittagessen kocht. »Er bereitete die Hackfleisch-Mischung nach ihrem Rezept zu. Dann brachte sie die Mischung zum Bäcker gegenüber, der damit ihre *Lahme bi ajeen* gebacken hat. Sie waren so unglaublich dünn, dass man gern einige davon verputzte; so sollen sie auch sein. Sie bestellte leicht hundert Stück auf einmal. So war das mit dem *Man'ouche*. Mit ihrer Mischung und nach ihrer Art!«

Ein Armenier kennt kein Hummus

»Armenische Gerichte im Libanon sind für mich anders als in Armenien«, sagt Tamar beim Essen, die, während sie spricht, munter gestikuliert. »Die armenische Küche, die man im Libanon findet, ist die Küche der armenischen Diaspora in Teilen der heutigen Türkei und Syriens. Man vermischt sie hier mit der libanesischen Küche, um sie für die Libanesen weicher zu machen. Aber ein Armenier isst und kennt eigentlich keinen Hummus, obwohl beide Kulturen osmanische Einflüsse haben. Wir kombinieren Zutaten anders. Ein Armenier verwendet niemals Zimt und Tahina für Herzhaftes, sondern nur für Süßes. Ein Libanese schon. Es gibt auch eine armenische Gemeinde im Nord-Libanon, Anjar, und deren Küche ist ganz anders. Im Restaurant und Kulturzentrum Badguèr (siehe S. 145) in Bourj Hammoud kann man diese Gerichte probieren. Ich kostete ihr *Gidda-Jabbour,* eine Suppe mit langsam geschmortem Fleisch mit Getreide: Das ist wirklich authentisch armenische Hausmannskost.«

Das Leben geht über Lebensmittel

Wir sitzen an einem Tisch voller köstlicher Gemüsegerichte, die Tamar gerade zubereitet hat. »Die Armenier kochen viel einfacher – sie verwenden nicht wie die Libanesen Koriander und Knoblauch in allem. Sie verwenden entweder Knoblauch oder Zwiebel, nicht alles auf einmal, und schon gar nicht Paprika und Koriander, Sumach oder Zatar in Kombi. Die Zutaten müssen für sich zur Geltung kommen. Das Essen in meiner Jugend war köstlich. Alles drehte sich darum. Beim Frühstück dachte man ans Mittagessen, beim Mittagessen an das, was noch folgen sollte.

Wenn wir aufstanden, frühstückten wir, und jeden Tag anders. Es gab *Labneh*, *Man'ouche*, und am Wochenende *Kunefa* (knuspriges Engelshaar mit zart schmelzendem Käse), Fruchtsäfte, Salate, Honig, Fladenbrot mit Butter, Tahina und Melasse. Der Tisch war immer reich gedeckt mit verschiedenen Optionen, niemals nur mit einer oder zwei.«

Hausmannskost in großen Mengen

»Beispielsweise kochte meine Mutter oft *Manti* (eine Art Ravioli mit Fleischfüllung) zum Mittagessen«, fährt Tamar fort. »Zum Mittagessen?!«, rufe ich überrascht. Man muss wissen, *Manti* sind die schönsten, elegantesten kleinen Nudelpakete, die man sich vorstellen kann, ziemlich aufwendig also in der Herstellung. »Ja, natürlich zum Mittagessen. Überhaupt kein Problem. Sie kochte auch Brühe aus Rinderknochen! Mit viel Knoblauch und Zitrone. Im Winter gab es die manchmal sogar zum Frühstück. Oder gebratene Lammbällchen, fast schon süß, karamellisiert in Butter. Oder gebratene oder sogar rohe Leber, in einer leichten Brühe und mit etwas *Labneh* verquirlt. Oder lange Bohnen mit geschmortem Lamm und Kürbis. Sie kochte immer große Mengen und verwandelte die Reste dann in ein anderes Gericht. Am Abend gab es Käse, Oliven, Brot, kalte Gemüsegerichte (*Yaghne*) wie *Loubia bi zeit* (Bohnen in Olivenöl) und *Bamya bi zeit* (Okra mit Olivenöl). Es gehört zur Tradition, nicht immer Fleisch zu essen und Respekt vor der Kreatur zu haben, die Nahrung liefert. Am Nachmittag gab es immer etwas Süßes, wie *Ka'ak* mit Carob- oder Traubensirup und Tahina. Im Kühlschrank war immer *Mhallabia* vorrätig. Ich erinnere mich, dass meine Großmutter *Halawe bi jibn*, ein Gebäck aus hauchdünnen Teigblättern mit *Ashtah* (einer Ricotta-ähnlichen Füllung) und Orangenblütensirup herstellte. Sie kochte auch Reispudding, mit frischer Vollmilch, direkt vom Markt. Ich habe immer die Reste aus dem Topf genascht. Der Geruch von Beirut ist für mich der Geruch von sanft köchelnder Vollmilch mit Zucker und Orangen- oder Rosenwasser. Und natürlich der Duft von gebratenen Zwiebeln. Alles beginnt mit gebratenen Zwiebeln!«

Die Küche als Mittelpunkt

»Die Armenier sind weniger beeindruckt von all den internationalen kulinarischen Trends, mit denen jetzt jeder infiziert ist. Wir haben bereits die libanesische Küche und unsere eigene. Unsere Traditionen ändern sich, aber vieles bleibt gleich. Weltweit werden wir alle von den internationalen Küchen beeinflusst. Meine Großeltern, meine Mutter und jetzt meine Generation ebenso. Wir werden an unseren Traditionen festhalten. Das ist mein Leben. Ich lebte in der Küche, verbrachte meine Kindheit sozusagen »in der Pfanne.« Ich habe gelernt, wie man Lebensmittel richtig behandelt, Weinblätter beispielsweise. Ich sorge mich um die Zukunft unserer Lebensmittel, für die nächste Generation.«

Bourj Hammoud ist voller verborgener Schätze. Selbst nach zehn Jahren im Libanon entdecke ich dort »heilige Grale«, die ich noch nicht kannte.

CAFÉ GARO

* Eigentlich ist der Libanon nur etwa 90 Kilometer lang und 32 bis 56 Kilometer breit, aber aufgrund der hohen Berge ist die Oberfläche schließlich größer, und es dauert länger, bis man irgendwo ist.*

Es ist wie das Land selbst: Die Berge machen es größer als klein,* und man entdeckt immer wieder etwas Neues. »Du kennst *Sarkis halva* nicht?«, sagt Tamar zu mir. »Das ist ja unglaublich!« Ich antworte, dass das allein ihre Schuld sei, und frage sie, warum sie mich nicht schon früher davon hat kosten lassen.

Von Heiligen und zart schmelzender Tahina

St. Sarkis war ein General, ein Märtyrer, und er ist der Schutzpatron unverheirateter Mädchen, die teilweise 48 Stunden bei Wasser und Brot fasteten, um ihren zukünftigen Ehemann zu finden, manchmal sogar eine Woche lang. Um den Heiligen zu ehren, gibt es diese Süßigkeit: Eine Art dünner Nougat aus Tahina, mit Walnüssen oder Pistazienkernen darin. Wunderbar und unerhört köstlich. Es gibt nur wenige Orte, an denen man diese Spezialität zubereitet.

Ich habe auch das *Tahinov hatz* durch Tamar lieben gelernt! Gerolltes Fladenbrot mit Zimt und Tahina: eine besondere Kombination und unerhört lecker. Es gibt kleine Bäckereien in Bourj Hammoud, die fast ausschließlich *Tahinov hatz* herstellen. Oder *Sare bourma* (Filo-Teig-Röllchen mit süßer Walnuss-Füllung, siehe Seite 158). Eine Woche, nachdem ich in Bourj Hammoud (zu) viel *Sare bourma* gegessen hatte, erfuhr ich, dass in meiner Amsterdamer Heimat, ganz in Nähe meines Zuhauses, der »Beirut-Armenier« Garo wohnte, ein Meister in der Herstellung von *Sare bourma*! Ich habe ihn durch gemeinsame Freunde kennengelernt. Das Leben im Libanon gleicht manchmal einer Perlenkette.

Kleines armenisches Menü-Wörterbuch

Itch – Bulgursalat mit Paprikapaste und Kräutern
Su boreg – Blätterteiggebäck mit Weißkäse dazwischen
Lahme bi ajeen – hauchdünne Fladenbrote mit würzigem Hackfleisch
Tahinov hatz – runde, flache süße Fladen mit Tahina, Zucker und Zimt
Manti – elegante kleine Nudelpäckchen, meist gefüllt mit Hackfleisch und serviert mit Joghurt, Tomatensauce und Sumach
Sujuk – würzige, typisch armenische Wurst
Basterma – armenische Variante von Pastrami oder Pastirma; würzig gereiftes Fleisch
Vospeh kibbeh – armenisches Linsengericht
Basterma – gesalzenes, gewürztes und getrocknetes Rindfleisch
Sare bourma – Filo-Teig-Röllchen mit Walnuss, Zucker und Zimt

LAHME BI AJEEN IN DER GHAZAR BAKERY

Adressen

RAS NIFA – Kein unbedingter Favorit von Tamar, die Vegetarierin ist, aber auf jeden Fall von mir. Ich mag das zarte Fleisch eines gedünsteten Schafskopfes. Man isst es mit etwas *Sabah baharat*, roher Zwiebel, eingelegtem Gemüse und Kräutern. Es gibt nicht mehr so viele Orte, an denen man dergleichen genießen kann, also empfehle ich es! (Es gibt auch eine Filiale in Barbir, siehe Seite 256).

—

Armenia Street.

GHAZAR BAKERY – Tamar führte mich stolz in die Bäckerei Ghazar, wo man das köstlichste *Lahme bi ajeen* bekommt, mit Hackfleisch oder *Sujuk* (würzige Knoblauchwurst), und heutzutage für die Vegetarier auch mit Pilzen. Die Bäckerei führt auch ein einfaches Restaurant mit leckerer Hausmannskost und köstlichstem *Tahinov hatz* (siehe Seite 157).

—

Parallelstraße zwischen Arax Street und el Abb Ariss Street.

FURN GHASSAN UND HOVIG ARMENIAN BAKERY – In der Nähe der Bäckerei Ghazar liegt die **Furn Ghassan,** die köstliche *Ka'ak*, gefüllt mit *Akkawi* (salzigem Käse) und Paprikapaste herstellt. Es gibt weitere Bäckereien in Bourj Hammoud, in denen *Tahinov hatz* hergestellt wird. Auch in der **Hovig Armenian Bakery.**

—

Seitenstraße der Arax Street, Alichan Street.

SAJ EL ZEIN – Als ich mit der Fotografin Tanya einst durch die Straßen schräg-parallel zur Arax Street schlenderte, entdeckten wir plötzlich eine *saj* (eine Art Ofen mit konvexer Pfanne), auf der knuspriges, dünnes, köstliches *Man'ouche* direkt vor unseren Augen gebacken wurde.

—

Am Beginn der Maraash Street, in der Nähe der Armenia Street, nahe Bourj Hammoud.

MOSSIS – Mit einer großen Auswahl an tollen Fladenbrot-Sandwiches. Mit Hühnerleber etwa, oder mit *Rosto* (mariniertes, in dünne Scheiben geschnittenes, gebratenes Lammfleisch).

—

Al Akhtal al Saghir Street.

SNACK ABU KOKO – Ein Imbiss, an dem man traditionell gedünstete Rinderkeule (!) isst, oder *Foul* oder Hummus.

—

Zwischen Armenia Street und der dahinter liegenden Schnellstraße. In der Nähe vom Mossis.

MANOUG PASTRY UND PATISSERIE ARAX – Für traditionelle armenische Süßspeisen wie *Sarkis halva* (hauchdünn-knusprige Tahina-Röllchen mit Walnuss- oder Pistazienkernen) und *Sare bourma* mit Walnnuss und Zimt (siehe Seite 158) sollte man den Konditoreien **Manoug** oder **Arax** einen Besuch abstatten (ich mag erstere besonders).

—

Eriwan Street (auch Independence Street genannt) und zwischen Yerevan Street und Ghazar Bakery gelegen (man muss sich durchfragen, wenn man hin möchte, die Läden liegen ein bisschen versteckt).

ABU HASSAN UND EL HANA – Das **Abu Hassan** aus dem Stadtteil Ras Beirut (siehe Seite 227) hat auch eine Filiale in Bourj Hammoud. Gegenüber serviert das **el Hana** die gleiche Art von Frühstücksmenü und Spiegeleier mit *Awarma* und warmem Fladenbrot.

—

Mar Youssef Street.

BASTERMA MANO UND BASTERMA BEDO – Armenische Metzgereien, die köstliche traditionelle Fleisch- und Wurstwaren wie *Basterma* (gehört zur Familie der *Pastirma* und *Pastrami*) und *Sujuk* verkaufen, auf Wunsch auch in einem Sandwich. Manche Beiruter schwören auf Mano, andere auf Bedo. De facto sind beide toll.

—

Armenia Street.

BASTERMA HELOU – Eine weitere armenische Metzgerei, die wie Mano und Bedo *Basterma* anbietet.

—

Neben dem Fluss, an der Ecke beim Badguèr (siehe Seite 145).

RESTAURANT APO – Hier bekommt man leckeres Kebab.

—

Tiro Street.

CAFÉ GARO – Ein wunderschönes Lebensmittelgeschäft, in dem man alles für die armenische Küche bekommt. Wer armenisch kochen möchte, sollte also unbedingt der Arax Street und den umliegenden Straßen einen Besuch abstatten. Dort findet man viele kleine alte Krämerläden. Das Café Garo ist der bekannteste und einer der besten. Mit allen Gewürzen, die man sich vorstellen kann (in Großpackungen), mit Kräutern, Trockenfrüchten, frischen Weinblättern der Saison sowie frischen Rosenblütenblättern (die ich im 2 Kilo-Pack gekauft habe, um Marmelade herzustellen), Paprikapaste, Pistazienkernen und vielem mehr. Azad Tashjian, die liebe Tochter des Familienunternehmens, hilft tüchtig mit.

—

Marach Street (parallel zur Arax Street).

TENBELIAN – Ein paar Türen weiter gibt es den Gewürzladen Tenbelian, mit Gewürzen und Kräutern aller Art, aber auch saisonalen Produkten wie Fruchtleder aller Obstsorten, getrocknete Granatapfelkerne und eingelegte Walnüsse. Sehr viel aus Eigenproduktion.

—

Marach Street, Tenbelian.

ONNO – Das berühmte armenische Restaurant garantiert authentisch armenische Genüsse im Libanon, ebenso das Varouj oder Badguèr (siehe nachfolgend). Onno und Varouj sind Familienrestaurants, die eine perfekte und echte Version des armenisch-libanesischen kulinarischen Erbes zubereiten. Beirut war schockiert, als beide Restaurantinhaber der Familienunternehmen 2015 starben. Mittlerweile ist das originale Onno nur noch ein Ableger einer Minikette, Gott sei Dank hat dies dem fantastischen Essen dort aber keinen Abbruch getan. Es gibt ein schönes großes Onno in Badaro und eines in der Innenstadt. Der alte kleine Laden, den ich so liebe, mit nur vier Tischen, direkt an der Schnellstraße in Bourj Hammoud, wird gerade renoviert. Ein absolutes Muss, von dem ich nie genug bekommen werde. Der dortige *Su boreg* (Käsekuchen) und *Basterma* (gewürztes Dörrfleisch) mit Eiern, ja, einfach alles ist köstlich!

—

Filialen in Abdul Hamid Ghandour St. Bab Idriss (Downtown), Independence Street (Bourj Hammoud), Badaro Main Street (Badaro).

VAROUJ – Ein weiteres berühmtes armenisches Restaurant, das nun mittlerweile vom Sohn des Gründers geführt wird. Er tut dies mit dem gleichen charakteristischen Elan und lauten Wesen wie sein Vater. Man verzeiht ihm seine Schrullen aber sofort, wenn man sein köstliches Essen probiert hat, vorzugsweise eine Auswahl an *Mezze*. Da hilft nur eines: Den Gürtel zwei Löcher weiter schnallen und schlemmen.

—

Maracha Royal Street.

BADGUÈR – Kulturzentrum und Restaurant, in dem der Wirbelsturm Arpi Mangassarian die treibende Kraft ist. Ein blühender Ort, an dem die armenische Kultur gefeiert, präsentiert und in all ihren Farben und Facetten zubereitet wird. Es lohnt sich, diese besondere Küche zu probieren, zum Mittag- oder Abendessen. Mit etwas Glück besuchen einen auch die Eltern von Arpi am Tisch, um ein wenig zu plaudern. Man kann eine Reservierung vornehmen, indem man anruft oder persönlich vorbeischaut.

—

Der Melkonian Street, Bourj Hammoud.

SEZA – Das Bistro Seza hätte auch im Kapitel zu Mar Mikhael Platz finden können, denn technisch gesehen befindet es sich nicht in Bourj Hammoud, sondern auf der anderen Seite des Flusses. Ein süßes armenisches Bistro mit romantischem Garten und Dekor und köstlichem armenischem Essen. Definitiv einer meiner Favoriten.

—

Ecke Rif Street und Patriarch Arida Street (die Rif Street ist eine Seitenstraße der Armenia Street).

UNION MARKS – diese hippe Location liegt gut versteckt in einer alten Textilfabrik, in einer vergessenen Ecke von Bourj Hammoud hinter einem Zaun, und hat tagsüber geschlossen und erst abends geöffnet. Man betritt eine Oase der Ruhe, die in einem verrückten, kreativ gestalteten Garten endet, mit einer tollen Bar in einem Stil, den man in vielen Städten sieht, der hier aber perfekt harmoniert. Leckere Getränke und Häppchen.

—

Emile Edde Street.

SAJ EL ZEIN

MOSSIS

TAMAR IM BADGUÈR

HELOU

BADGUÈR

CAFÉ GARO

MANOUG

UNION MARKS

DAS »GHAPAMA-LIED« IM KULTURZENTRUM BADGUÈR, SIEHE SEITE 153

BADGUÈR

VAROUJ

Yekhni batenjan

Tamars armenischer Aubergineneintopf

FÜR 4–6 PERSONEN

1 kg Auberginen, vorzugsweise Baby-Auberginen oder längliche dünne Auberginen (aus dem türkischen Lebensmittelladen), in Hälften und in 2–3 cm lange Stücke geschnitten

4 Zehen Knoblauch

½ kg reife Tomaten

Olivenöl

3 grüne Paprikaschoten

1 grüne Chilischote

Salz

Meine Freundin Tamar ist ein wunderbarer Mensch (siehe Seite 139). Sie ist von Beruf Zahnärztin, außerdem Künstlerin, ambitionierte Wanderin auf dem Libanon Mountain Trail, und sie kocht und backt, dass es ein Vergnügen ist. Wir teilen die gleiche Liebe zur Natur und den nachhaltigen Umgang mit ihr. Für Tamar geht es bei der armenischen Hausmannskost um Einfachheit. Dieses Gericht sieht einfach aus und mag auf dem Foto etwas langweilig erscheinen, aber der Schein trügt. Es ist eines der köstlichsten Rezepte in diesem Buch. Die Kombination mit dem Dip *Muhammara* ist nicht klassisch, aber sehr lecker.

— Den Stiel der Auberginen und die Spitzen abschneiden. Falls sehr große Auberginen verwendet werden, diese in grobe Stücke schneiden. Die Knoblauchzehen schälen, aber am Stück belassen. Die Tomaten in dünne Scheiben schneiden.

— Einen großzügigen Spritzer Olivenöl in einer Pfanne bei geringer Temperatur erhitzen und die Auberginen von allen Seiten darin anbraten. Aus der Pfanne nehmen, dann den Knoblauch im Öl anbraten. Die Paprikaschoten und die Chilischote hinzufügen und alles etwa 15 Minuten unter gelegentlichem Rühren anbraten. Die Aubergine wieder dazugeben. Die Tomatenscheiben hinzufügen und alles mit Salz abschmecken.

— Bei sehr geringer Temperatur 45–60 Minuten schmoren, bis alles zart ist. Am Ende einen Schuss Wasser und etwas Olivenöl unterrühren. Mit Fladenbrot (Seite 205) und *Muhammara* (siehe unten) servieren.

Muhammara à la Tamar

Walnuss-Paprika-Dip mit Kreuzkümmel

FÜR 6–8 PERSONEN

1 Zwiebel

1–2 EL Kreuzkümmelsamen

400 g Walnusskerne, zerstoßen

400 g milde Paprikapaste (*Tatli biber*)

Salz

kalt gepresstes Olivenöl

— Die Zwiebel sehr fein hacken. Den Kreuzkümmel in einer Pfanne ohne Fettzugabe anrösten, bis er aromatisch duftet.

— Drei Viertel der Walnusskerne und des Kreuzkümmels in einer kleinen Schale mit der Paprikapaste sowie der Zwiebel vermischen und mit etwas Salz abschmecken. Mit den restlichen Walnusskernen und Kreuzkümmelsamen bestreuen und mit Olivenöl besprenkelt servieren.

Ghapama my way

Armenisch gefüllter Kürbis mit Reis, Dörrobst und Nüssen

FÜR 4 PERSONEN

1 mittelgroßer runder Kürbis (z.B. Hokkaido)

300 g Basmatireis

50 g Dörrpflaumen ohne Stein

50 g getrocknete Aprikosen ohne Stein

50 g Rosinen

150 g gemischte Nüsse (wie etwa Mandel-, Pistazien-, Walnusskerne)

150 g Butter, zerlassen

2–3 EL aromatischer Honig

3 TL gemahlener Zimt

schwarze Samen von 2 Kardamomkapseln, fein zerstoßen

Salz und Pfeffer aus der Mühle

Dieses Gericht ist ein echter Hingucker: ein echtes Show-Stück mit viel Dramatik. *Ghapama* bedeutet wörtlich »in der geschlossenen Pfanne gegart.« Ein Kürbis-Festmahl, das auch in armenischen Kreisen nicht jeden Tag auf dem Tisch steht, sondern traditionell zwischen Neujahr und den armenischer Weihnachten am 6. Januar. Man findet es selten in armenischen Lokalen, sehr wohl aber im armenischen Kulturzentrum Badguèr in Bourj Hammoud, das auch ein Restaurant betreibt. Das Zentrum ist das Lebenswerk von Arpi Mangassarian, die dafür sorgt, dass das kulturelle Erbe der Armenier in Beirut lebendig bleibt, und deshalb spezielle Rezepte aus unterschiedlichen armenischen Gebieten (oder früher armenisch geprägten Gebieten) sammelt. Als wir für das Buch im Badguèr fotografierten und zu Mittag aßen, kosteten wir *Ghapama*, wie sie sein soll: begleitet vom »*Ghapama*-Lied«, vorgetragen von einem charmanten älteren Herren mit Gitarre. Siehe Seite 148.
Die inspirierte Arpi hält ihr Rezept geheim, daher ist dies meine Interpretation, die dem Original sehr nahe kommt, aber ich habe ein wenig Kardamom hinzugefügt, weil es so gut zu den übrigen Zutaten passt.

Hey Jan Ghapama, Hamov Hodov Ghapama (süßes Ghapama, köstliches aromatisches Ghapama)

— Mit einem scharfen Messer die Kappe vom Kürbis kreis- oder sternförmig abschneiden. Die Kerne und Fäden mit einem Löffel herauskratzen und entsorgen, den Kürbis unter klarem Wasser ausspülen.

— Den Reis in einen Topf geben und mit so viel Wasser aufgießen, dass es den Reis etwa 1 Fingerkuppe hoch bedeckt. Zum Kochen bringen und den Reis in etwa 15 Minuten al dente garen, aber nicht vollständig weich kochen. Durch ein Sieb abgießen und abtropfen lassen. Dann in eine Schüssel geben.

— Die Pflaumen und Aprikosen fein hacken und unter den Reis mengen. Die Rosinen, die Nüsse, die geschmolzene Butter, den Zimt und den Kardamom hinzufügen. Alles gut vermischen und mit Salz und Pfeffer abschmecken.

— Den Backofen auf 180 °C (Ober-/Unterhitze) vorheizen. Den Kürbis in eine Auflaufform stellen und mit der Reis-Masse befüllen, dann die Füllung mit der Haube vom Kürbis abdecken. Einen Schuss Wasser auf den Boden der Auflaufform gießen. Den Kürbis 1–1½ Stunden im Backofen backen, bis er gar und leicht gebräunt ist. Am Tisch in Stücke schneiden. Kann warm oder kalt serviert werden.

Manakeish bi sujuk

Knusprig dünnes Fladenbrot mit Sujuk-Wurst, Zwiebeln, Koriander, Granatapfelsirup, Paprikapaste und Sabah baharat

FÜR 4–6 PERSONEN

200 g *Sujuk*-Wurst, in kleine Würfel geschnitten (*Sucuk*, aus dem türkischen Lebensmittelladen)

1 TL *Sabah baharat**

2 Zehen Knoblauch, gerieben

2 Zwiebeln, halbiert und in Ringe geschnitten

1 großer Bund frisches Koriandergrün, fein gehackt

Semolina-Grieß

½ Rezeptmenge Fladenbrotteig (siehe Seite 205)

2 EL Olivenöl

3 EL milde Paprikapaste (*Tatli biber*)

1 Handvoll Pinienkerne

Granatapfelsirup

Saft von ½ Zitrone, frisch gepresst

** Um die Mischung selbst herzustellen, zu gleichen Teilen Piment, Zimt, schwarzen und weißen Pfeffer, Muskat, Gewürznelken, Ingwer und/oder Kardamom und Koriander im Mörser zerstoßen.*

Das ist eine Art *Lahm bi ajeen* (»Teig mit Fleisch«) – ein dünner, pizzaähnlicher Fladen mit würzigem Belag, wie man ihn überall in der Levante findet. Technisch gesehen ist es eine Art *Man'ouche* mit kräftig gewürzter Rohwurst aus Rind- oder Kalbfleisch und Lammfleisch, wie man sie im armenischen Distrikt Beiruts bekommt. Mir persönlich gefällt die Kombination von *Sujuk* mit gebratenem Koriander sehr gut, das ist zwar nicht klassisch, aber es schmeckt! Die gegenüber abgebildete *Manakeish* war in Nu ratzeputz aufgegessen. Ideal als Frühstück, Mittagessen, Fingerfood oder Teil eines Beirut-Büfetts. Man kann die angegebenen Mengen getrost auch verdoppeln, denn diese leckeren Fladen gehen weg wie warme Semmeln.

— Die *Sujuk*-Würfel zusammen mit dem *Sabah baharat*, dem Knoblauch, den Zwiebeln und dem Koriander in einer Pfanne 10 Minuten bei geringer Temperatur knusprig anbraten. Beiseitestellen.

— Eine Arbeitsfläche mit etwas Semolina bestreuen. Den vorbereiteten Teig mit der Teigwalze zu einem großen ovalen (oder rechteckigen) Fladen ausrollen und auf ein mit Backpapier ausgelegtes Backblech legen.

— Den Grill des Backofens anstellen (oder den Backofen auf 220 °C bei Ober-/Unterhitze vorheizen).

— In einer kleinen Schale das Olivenöl und die Paprikapaste verrühren. Den Teigfladen mit der Öl-Paprika-Mischung bestreichen und die *Sujuk*-Zwiebel-Mischung darauf verteilen. Mit den Pinienkernen bestreuen.

— Den belegten Fladen unter dem Grill 5 Minuten im Backofen backen.

— In Stücke schneiden, mit etwas Granatapfelsirup besprenkeln und kurz vor dem Servieren mit dem Zitronensaft beträufeln.

Tahinov hatz

Zimtschnecken mit Tahina und Anis

ERGIBT 6–8 STÜCK

125 g Weizenmehl Type 405

50 g Semolina-Grieß

1 Prise Salz

4 EL weiße Tahina

4 EL Butter, zerlassen (plus etwas Butter extra zum Anbraten und Bestreichen)

Zucker

½ EL Anissamen

1 TL gemahlener Zimt

Man kann diese süßen Teilchen mit oder ohne Hefe zubereiten. Ich stelle sie gerne ohne her, sodass sie flach und fast »flaky« werden, ähnlich denen, die man in Bourj Hammoud bekommt, aber ich gebe noch einen Hauch Anis dazu. Wer möchte, kann 2 TL Trockenhefe oder 1 Msp. frische Hefe in den Teig kneten und die Brötchen im Kühlschrank aufgehen lassen. Dies sind großartige Leckereien für einen gemütlichen Brunch oder ein Sonntagsfrühstück.

— Mehl, Semolina und Salz in einer Schüssel vermischen. So viel Wasser untermengen, dass ein schöner glatter und sehr geschmeidiger Teig entsteht, und diesen 10–15 Minuten kneten. Etwas mehr Mehl einarbeiten, falls der Teig zu klebrig ist, und etwas mehr Wasser, falls er zu steif oder trocken ist. Dann den Teig in zwei gleich große Portionen teilen und diese zu Kugeln rollen.

— Eine saubere und große Arbeitsplatte mit Mehl oder Semolina bestreuen und eine erste Teigkugel darauf sehr dünn ausrollen. Mit der Hälfte der Tahina und der Hälfte der flüssigen Butter einpinseln. Mit etwas Zucker sowie der Hälfte vom Anis und vom Zimt bestreuen. Die Teigplatte von innen nach außen zu einem Rohr aufrollen. Das Teigrohr in zwei Stränge schneiden und jeden Strang wie eine Schnecke kreisförmig aufwickeln.

— Den restlichen Teig auf die gleiche Weise zu »Schnecken« verarbeiten.

— Die Teigschnecken auf einen Teller legen und für etwa 30 Minuten im Kühlschrank ruhen lassen (oder bei Raumtemperatur aufgehen lassen, falls Hefe verwendet wurde).

— Dann die Arbeitsplatte mit Mehl bestreuen und die Teig-Schnecken mit dem Nudelholz sehr dünn auswalzen.

— Eine Bratpfanne mit etwas Butter erhitzen und die *Tahinov hatz* schön goldbraun darin anbraten. Mit etwas Butter bestreichen und genießen!

Garos Sare bourma

Filo-Teig-Röllchen mit Walnuss-Füllung

ERGIBT 1 BACKBLECH VOLLER RÖLLCHEN

300 g Zucker

Schale von ½ Bio-Zitrone, fein abgerieben

250 g Walnusskerne

2 EL Zucker

1 EL gemahlener Zimt

1 Rolle Filo-Teig (aus dem türkischen Lebensmittelladen)

200 g Butter, zerlassen, plus etwas Butter extra zum Einfetten der Backform

Ich entdeckte diese köstlichen Röllchen gemeinsam mit Tamar in der Patisserie Manoug, wo ich auch die Herrlichkeit *Sarkis halva* (ein geradezu himmlisches Tahina-Konfekt, siehe Seite 142) kennenlernte. Das Schöne an *Sare bourma* ist, dass man sie sehr leicht selbst herstellen kann, obwohl sie überaus beeindruckend aussehen. Diese hier stammen von meiner lieben Freundin Maaike, die das Styling dieses Buches übernommen und mir gelegentlich in der Küche geholfen hat. Das Rezept stammt von einem Bekannten einer Freundin aus Beirut, der sich plötzlich als mein Nachbar in Amsterdam herausstellte. Von Mar Mikhael in das Herz von Amsterdam. Vielen Dank, Garo!

— Den Backofen auf 180 °C (Ober-/Unterhitze) vorheizen.

— 300 ml Wasser mit dem Zucker und dem Zitronenabrieb in einem Topf erhitzen. 5 Minuten köcheln, dann als Sirup abkühlen lassen.

— Die Walnusskerne sehr fein im Universalzerkleinerer zerhäckseln oder im Mörser zerstoßen. Zucker und Zimt untermischen. Als Füllung beiseitestellen.

— Ein Blatt Filo-Teig nehmen und die untere Hälfte mit etwas flüssiger Butter einpinseln. 1–2 EL der Füllung auf die eingepinselte Unterseite streuen, einen dicken Spieß (z.B. einen dicken Grillspieß) darauflegen und den Filo-Teig darum herumwickeln und die Enden leicht andrücken. Dann den Spieß herausziehen. Dies hört sich komplizierter an, als es ist. Man hat jetzt eine schöne runzelige Schlange: *Sare bourma*. Diese in eine mit Butter eingepinselte Backform legen.

— Die restlichen Filo-Teigblätter mit der Füllung ebenso zu Röllchen aufwickeln und in die Backform legen.

— Die *Sare bourma* im vorgeheizten Backofen in 45–50 Minuten goldbraun backen.

— Aus dem Ofen nehmen und in der Form mit dem Sirup tränken. Sofort genießen. Oder später, wenn man so viel Disziplin aufbringt.

Kata

Armenische Mahlab-Brötchen von Nathalie und Tamar

ERGIBT ETWA 8–10 BRÖTCHEN

Für den Teig

110 g Butter

30 g Zucker

120 ml flüssige Schlagsahne

1 Prise Salz

½ Ei, verquirlt

½ TL Trockenhefe

320 g Weizenmehl Type 405

Für die Füllung

110 g Butter

½ EL Mahlabpulver (siehe Seite 17)

100 g Zucker

Weizenmehl Type 405

Zum Fertigstellen

1 Ei

Schwarzkümmelsamen

Was für spezielle Brötchen! Ich bin sehr stolz darauf, dieses Rezept in meinem Buch zu haben. Es ist ein traditionelles armenisches Rezept, das hauptsächlich zu Ostern gegessen wird. Nathalie und Tamar haben es mich schon viele Male probieren lassen, und es ist wirklich etwas Besonderes. Die Füllung aus Butter und Zucker erhält durch das Mahlab einen aromatischen Geschmack. Obwohl es wie ein schwieriges Rezept aussieht, ist es eigentlich recht einfach. Mahlab ist ein winziger Keimling aus dem Kern der Felsenkirsche, der in die Liste der großen Geschmacksrichtungen der arabischen Süßspeisen gehört: Orangenblütenwasser, Rosenwasser, Mastix, Sahlep. Es verleiht allem sofort einen grandiosen Gebäckgeschmack. Ich habe auch entdeckt, dass die *Khoriz*, die Füllung, zu einer Art Nougat wird, die auch für sich allein sehr lecker schmeckt. Besonders zu einer Tasse Tee oder arabischem Kaffee.

— Für den Teig zunächst die Butter in einem Topf zerlassen, vom Herd nehmen und den Zucker, die Sahne, etwas Salz und das verquirlte Ei unterrühren. Die Hefe in einer Rührschüssel in 60 ml lauwarmem Wasser auflösen, bis sie aktiv schäumt, dann die Butter-Sahne-Mischung dazugeben. Nach und nach mit dem Knethaken (Handrührgerät oder Küchenmaschine) das Weizenmehl einarbeiten und alles 5 Minuten gut durchkneten. 1 Stunde abgedeckt aufgehen lassen. Den Teig zu einem Strang rollen und diesen in acht bis zehn gleich große Portionen schneiden, diese zu Kugeln rollen, auf ein mit Backpapier abgedecktes Blech geben und weitere 30 Minuten abgedeckt gehen lassen.

— Für die Füllung in einer Pfanne die Butter mit dem Mahlab und dem Zucker bei geringer Temperatur verrühren und so viel Weizenmehl untermengen, dass eine weiche Paste entsteht. Weiter rührend sanft anbraten, bis die Mischung hellbraun wird. Das dauert eine Weile, aber es passiert. Wenn das Ganze ein bisschen hart wird und etwas Fett der Butter austritt, ist das kein Problem.

— Den Backofen auf 200 °C vorheizen (Ober-/Unterhitze).

— Zum Fertigstellen mit einem Messer jeweils einen Schlitz in die Teigkugeln schneiden, je einen großzügigen TL Füllung hineingeben und den Teig wieder verschließen. Die Teigkugeln ein wenig flach drücken und mit einer Gabel ein Muster hineindrücken. Das Ei mit 1 EL Wasser in einer kleinen Schale verquirlen und die Teigkugeln damit einpinseln. Mit Schwarzkümmelsamen bestreuen. 25–30 Minuten im Ofen goldbraun backen. Abkühlen lassen und genießen.

ارضي شوكي
1000L.L./1pc
بقدونس
Parsley
1000L.L./1pcs
Garlic
6000L.L./1kg

DOWN-TOWN & CLEMEN-CEAU

داون تاون وكليمنصو

»As soon as we'd landed, headed **into town**, there was a reaction I can only describe as **pheromonic**: The place just **smelled good**. Like a place we were going to **love.**«

– Anthony Bourdain
über Beirut

Kapitel 5
Downtown damals und heute

Place des Martyrs

Was früher das schlagende Herz der Stadt war – die Place des Martyrs, der große Platz in Beiruts Zentrum –, erstrahlt nur noch als Foto an meiner Wand in Amsterdam oder in Büchern in voller Pracht. Ein Bild aus den Fünfzigerjahren, mit Palmen und einem Arbeiter darauf, der sich auf dem Bürgersteig einen Papiersack über die Schultern wuchtet. Die Place des Martyrs war einst ein wunderschöner Platz, wie auch andere Fotos zeigen: prächtig, mediterran, mit dem blauen Meer im Hintergrund, mit weißen Gebäuden und voller Menschen. Nach den Verwüstungen des Krieges mutierte der Platz zu einer leeren Fläche, geprägt von einem tristen Parkplatz und jeder Menge Verkehr. Mittlerweile wirft die 2008 eingeweihte imposante Mohammed-al-Amin-Moschee ihr wachsames Auge über den Platz, aber selbst ihre Schönheit vermochte es nicht, dem Platz neues Leben einzuhauchen – ich überquere ihn immer so schnell wie möglich, weil es dort nichts anderes gibt.

Neues Leben für die Souks

Auch die berühmten Souks (Märkte) von Beirut gibt es nicht mehr in ihrer alten Form. Sie waren einst das Herz der Metropole, wie in jeder arabischen Stadt. Jetzt, nach dem Krieg, der alles in Schutt und Asche gelegt hatte, werden sie im Rahmen des Wiederaufbaus vom großen Geld verschlungen. Selbst zu Kriegszeiten und inmitten aller Zerstörung hatten damals die täglichen LebensMittel-Souks fortbestanden als das, was sie waren: soziale Gewebe* für alle möglichen Menschen unterschiedlicher Religionen und Kulturen. Es gab einen Souk al Jebne (für Käse und Milchprodukte), einen Souk el Djejj (für Geflügel), einen Souk abou el Nasr (für Lebensmittel), einen Souk al Samak (für Fisch) und einen Souk al Khodra (für Gemüse). Diese Märkte gingen verloren, als der Wiederaufbau begann. Vor dem Krieg war die Innenstadt ein Ort der Kontraste gewesen: sauber lag neben schmuddelig, schön neben hässlich, stinkend neben duftend**, ein Ort für jedermann, ganz egal, woher man stammte. Nun ist die Innenstadt zu einem luxuriösen Einkaufszentrum unter freiem Himmel mutiert, nur für diejenigen bestimmt, die es sich leisten können.

** Siehe Paola Salwan Daher, Beirut Re-Collected, Seite 59*

*** Hadi Makarem via https://blogs.lse.ac.uk/mec/2012/10/17/downtown-beirut-between-amnesia-and-nostalgia/*

Samstags allerdings kehrt mittlerweile wieder Leben ein in die Souks. Im hinteren Teil bieten dann viele kleine und spezielle Hersteller ihre oft biologischen und in kleinem Maßstab hergestellten Produkte an und reisen dafür nicht selten durch den gesamten Libanon. Beiruts Souk el Tayeb (SET) wurde 2004 von Kamal Mouzawak (siehe Seite 103) initiiert und ist heute eine Institution, ein Muss für alle, die dort wohnen, sowie für viele Besucher oder Touristen. Natürlich ist es kein direkt preiswerter

Markt, aber das sind Bio-Märkte anderswo ja auch nicht unbedingt. Diese Art von Bauernhandwerk und speziellen Gemüsesorten direkt vom Feld hat ihren Preis. Aber der Erlös geht direkt an die Menschen, die die Produkte herstellen, und die Qualität ist herausragend. Man bekommt hier das köstlichste *Man'ouche* frisch von der *saj* (Backpfanne) von Köchen und Brotvirtuosen wie Rima Massoud und Oum Ali. Das köstlichste *Mouneh* von Sawsan, alle Arten von Zatar, Pinienkerne, Mandeln, *Freekeh*, Sesam, Konfitüren, Melasse, Trockenfrüchte, die beste Tahina, die erfrischendsten Limonaden, die köstlichsten Kekse. Mein Lob für diese wunderbare Sammlung libanesischer Traditionen und Produkte könnte nicht größer sein. Die reichen Damen und Herren, die mit ihren Hausbediensteten im Gefolge hier einkaufen, akzeptieren wir. Zum Glück wissen sie Gutes zu schätzen und sind dabei nicht die Einzigen: Den Markt besuchen auch junge Leute, Menschen aus der Diaspora sowie Touristen. Essen verbindet. »*Make food not war!*« ist nicht umsonst Kamals Credo. Und: Es gibt endlich wieder Gemüse im Souk.

Adib, ein engagierter Architekt

Herausforderungen und Umweltschutz

Von Downtown aus fährt man (wenn man sich das in Beirut traut – ansonsten kann man auch zu Fuß laufen) in das etwas wohlhabendere Viertel Clemenceau, das zwischen Downtown und Hamra liegt. Dies ist der Weg, den mein Freund Adib Dada oft geht, von seinem Büro zu seinem Elternhaus. Adib ist ein junger, kluger und auch großzügiger Architekt, oder besser gesagt ein Tausendsassa, der sich zwischen Architektur, Design, Biomimikry (kurz: Natur als Inspirationsquelle für Design) und Nachhaltigkeit bewegt. Mit einem Ziel: die Situation der Natur und der Umwelt in Beirut und im Libanon zu verändern und zu verbessern. Ein hochgesetztes Ziel, vor allem, wenn man weiß, welche Herausforderungen und wie viel Rückgrat das in diesem Teil der Welt bedeutet.

Grüne Oasen in der Stadt

** Der Fluss bei Bourj Hammoud, der jetzt fast trockengelegt, verschmutzt und mit Sonnenkollektoren bedeckt ist. Bis 1968 war er ein gesundes natürliches Ökosystem, aber danach geriet er zu einer Art offenem Abwasserkanal.*

Ich habe viel mit Adib an aufregenden Plänen und Projekten rund um Lebensmittel und Design gearbeitet. Wegen der Situation im Libanon konnten wir die Ernte dieser Projekte noch nicht einfahren. Aber ich hoffe, sie in Zukunft gemeinsam mit ihm umsetzen zu können. Wir kochen oft zusammen und teilen die Liebe zum Essen. Adib hat einen inspirierenden Plan für den Fluss von Beirut* entwickelt, und er schafft grüne Lungen und kleine Stadtgärten in Vierteln wie Bourj Hammoud und Sin el Fil. Ich habe gesehen, wie ein unansehnliches Stück Land, eingekeilt zwischen Schnellstraßen und einem schmutzigen Fluss, in eine grüne Oase verwandelt wurde. Es besteht Hoffnung: Adib stand zwischen einer frisch gepflanzten dichten Hecke aus Minibüschen und Bäumen verschiedener Art, die hier heimisch sind; Kiefer, Eiche, Wacholder. Sein Enthusiasmus ist ansteckend! »Wir selbst müssen die Veränderung sein, die wir in der Welt sehen wollen«, wie einst Mahatma Gandhi sagte.

Essen auf der Treppe

»Zu Hause ging es nur ums Essen«, erzählt Adib nachdenklich, als wir in einer Kaffeebar in Gemmayzeh auf einer halb überdachten Terrasse sitzen. Ab und zu fährt ein libanesischer »Macho« mit viel Gehupe und Getöse vorbei, und wir unterbrechen unser Gespräch. »Wir haben immer gemeinsam in der Küche gegessen. Mahlzeiten zu teilen, gemeinsam zu essen, das ist sehr wichtig. Meine Mutter rekonstruiert heute die Rezepte meiner Großeltern aus dem Gedächtnis. Ich erinnere mich an Spezialitäten wie *Fatteh* (Kichererbsen mit Joghurt und knusprigem Brot) und gedünsteten Lammkopf, die mein Großvater für den Sonntagsbrunch zubereitete. Während des Krieges (am Ende des Krieges war ich

etwa sieben/acht) saßen wir oft im Treppenhaus unseres Wohngebäudes, weil das der sicherste Ort war. Als Kinder fanden wir das nicht beängstigend. Ich glaube, meine Eltern haben uns auch darin bestärkt, keine Angst zu haben. Wir sammelten Bombensplitter wie Spielzeug. Wir liefen auf und ab in die Küchen der Nachbarn, mit Essen. Eigentlich sehr gemütlich.«

Ka'ak und regionale Früchte

»Lebensmittel sind immer die Speerspitze. Auch jetzt noch, in meiner Familie, bei meinen Freunden. Im Libanon veranstalten wir viele Mittag- und Abendessen mit vielen Menschen. Lebensmittel haben in den letzten Jahren noch an Bedeutung gewonnen. Je älter ich werde, umso mehr Bedeutung gewinnen meine libanesischen Wurzeln. Zum Beispiel habe ich bis vor zwei Jahren nie *Ka'ak* gegessen. Ich dachte, das mag ich nicht. Aber das Gegenteil stellte sich heraus: Ich mag es sehr. Früher habe ich jeden Tag Mango gegessen, aber jetzt, nachdem ich mich mit lokaler Architektur, Nachhaltigkeit und Biomimikry beschäftigt habe, kommt das für nicht mehr infrage: Ich esse lieber regionale Früchte, die um mich herum wachsen. Ich sehe mehr und mehr Logik in allem um mich herum, deshalb habe ich angefangen, anders zu essen; lokale und saisonale Produkte, wirklich libanesisch. Die Aromen aus meiner Jugend: Damit fühle ich mich wieder verbunden!«

Samstags geht es auf den Markt

»Fast jeden Samstagmorgen gehe ich mit meiner einjährigen Tochter auf den Souk el Tayeb. Dort bekomme ich Gemüse und vor allem Wildkräuter. Ich kenne noch nicht viele davon, aber ich lerne jede Woche dazu, und solange ich sie in einen Salat mischen kann, kaufe ich sie. Der Kontakt zu den Produzenten aus dem ganzen Libanon, wie auf dem Souk el Tayeb, macht für mich den Unterschied aus.«

Adressen

SALON BEYROUTH – Adib hat mich an einen neuen Ort mitgenommen: Salon Beyrouth, mit einem schönen Garten und einem stilvollen Restaurant mit Bar und Jazz-Club, wo man sich rundum wohlfühlen kann. Solche Orte sind in dem Chaos und der Hektik Beiruts begehrt.

—

Mohammad Abdul Baki Street, Clemenceau. salonbeyrouth.com

SOUK EL TAYEB GEFINOR – Mittwochs gibt es den Souk el Tayeb in verkleinerter Form auf dem Gefinor-Platz inmitten von Büros – in Clemenceau. Eigentlich ideal, denn hier gibt es alles, was man braucht, und dies ohne den Trubel des Samstagsmarktes. Mit etwa 10 bis 15 Anbietern.

—

Gefinor. soukeltayeb.com

DAR BISTRO – Im hinteren Teil von Hamra, versteckt hinter einer Tankstelle, steht ein schönes altes Haus mit einer Gartenterrasse – Buchhandlung und Frühstücks-Lunch-Lokal in einem. Dar Bistro ist Adibs Favorit für Brunch. Auch geeignet, um in Ruhe zu arbeiten, wie ich aus eigener Erfahrung weiß.

—

Roma Street, hinter der Tankstelle Wardieh, Hamra.

SUZ – Adib und ich essen schon seit Jahren hier zu Mittag. Das Suz befindet sich in einer ruhigen Ecke und war eine der ersten Locations, an denen man neue moderne Lebensmittel bekam. Im libanesischen Stil hergestellt; gesund und zu großen Teilen vegetarisch. Das Suz befindet sich im Geschäftsviertel der Innenstadt, daher tragen hier viele Kunden Sakko und schicke Kleider.

—

Abdul Hamid Ghandour St. Bab Idriss (Downtown). suz-coffee-bar.business.site

ONNO – Das beliebte armenische Restaurant Onno (siehe auch Seite 145) hat nun eine neue Filiale neben dem Suz in der Innenstadt (es gibt eine weitere in der Hauptstraße in Badaro). Im vollen und großen Stil. Ganz anders als das alte Lokal in Bourj Hammoud mit gerade mal vier Tischen. Aber das große Onno serviert wie das kleine köstliche Gerichte. Herr des Hauses, Karnigue Nicolian (verstorben 2015), beobachtet seine Nachfolger und behält alles von einem großen Foto an der Wand aus im Auge. Familie bleibt Familie. Siehe Seite 145.

—

Abdul Hamid Ghandour St. Bab Idriss (Downtown).

BABEL – In Zaitunay Bay, einem teuren Hafenviertel für die Elite, mit beeindruckenden Booten vor der Tür, finden sich auch einige Restaurants. Nicht unbedingt ein Ort, den ich empfehlen würde. Für die grandiosen *Mezze*-Platten im Babel (das es jetzt auch als Café in der Innenstadt gibt) mache ich allerdings eine Ausnahme. Man kann dort lecker essen und dabei Tische voller Frauen mit identischen Lippen und meterhohen Stöckelschuhen bestaunen, die alle gemütlich vor ihren Handys sitzen. Das »Leute-Gucken« kann man hier ohne falsche Scham betreiben, ebenso, wie die Anderen am Tisch zum Smartphone greifen.

—

Zaitunay Bay. babelrestaurant.com

SAWSAN-PRODUKTE AUF DEM SOUK EL TAYEB

ONNO

SALON BEYROUTH

NATHALIE, DIE SCHWESTER VON TAMAR (SIEHE SEITE 161)

Kibbeh bi laban maazah

Adibs Hackbällchen in Ziegenmilchjoghurt mit Minze

FÜR 4–6 PERSONEN

Für die Sauce

1 l Hühnerbrühe (vorzugsweise selbst gemacht, aus Hühnerkarkassen, Piment, Zimt, Kardamom und Lorbeerblatt)

1 l Ziegenmilchjoghurt

2 EL Maisstärke

1 EL edelsüßes Paprikapulver

1–2 EL getrocknete Minzeblätter, zerstoßen

Salz

Für die Füllung

2–3 kleine Zwiebeln

etwas Olivenöl

1 EL Butter, plus etwas Butter extra zum Kochen

½ EL *Sabah baharat* (siehe Seite 154)

1 EL edelsüßes Paprikapulver

1 EL getrocknete Minzeblätter, zerstoßen

Salz

Für die Kibbeh

250 g Lammhackfleisch

250 g Rinderhackfleisch

150 g vorgegarter extrafeiner Bulgur

2 TL *Sabah baharat*

Aleppo-Pfeffer oder *Pul biber*

Adib (siehe Seite 167) wuchs im Stadtteil Clemenceau auf, und dieses Rezept war ein Klassiker bei ihm zu Hause. Wie es sich für eine echte Beiruter-Familie gehört, isst man immer gemeinsam warm zu Mittag, auch im Büro! Wir aßen diese Leckerei zum Lunch auf dem Balkon von Adibs Elternhaus. Es war eine Premiere für mich, und ich war sofort hin und weg. Das Gericht ist sehr speziell und dabei eigentlich sehr einfach. Das Wichtigste bei *Kibbeh* ist das Hackfleisch; es muss wirklich fein sein und dreimal durchgewolft werden. Also den Metzger darum bitten oder selbst mithilfe der Küchenmaschine (in kleinen Chargen) arbeiten. Die Sauce aus Hühnerbrühe mit Ziegenmilchjoghurt, getrockneter Minze und Paprikapulver ist so köstlich, dass ich das Gericht schon allein dafür zubereiten würde. Man kann es in kleinen Schüsseln als Suppe servieren. Übrigens sind das perfekte Anfänger-*Kibbeh*, denn die Bällchen sind nicht oval, sondern rund, und daher relativ leicht zu füllen und zu formen.

— Für die Sauce die Hühnerbrühe mit dem Ziegenmilchjoghurt in einem Topf vermischen. Die Maisstärke in einer Tasse mit etwas kaltem Wasser aufrühren, dann unter die Joghurt-Brühe rühren. Alles bei sehr geringer Temperatur sanft aufkochen lassen. Das Paprikapulver und die Minzeblätter untermengen und alles mit etwas Salz abschmecken. Beiseitestellen.

— Für die Füllung die Zwiebeln in sehr kleine Würfel (*Brunoise*) schneiden. Öl und Butter in einer Pfanne bei hoher Temperatur erhitzen und die Zwiebeln mit *Sabah baharat*, Paprikapulver, Minzeblättern und etwas Salz bei geringer Temperatur sanft anschwitzen und bräunen. Beiseitestellen.

— Für die *Kibbeh* beide Hackfleischsorten mit Bulgur, *Sabah baharat* sowie etwas Salz in einer Schüssel vermischen und gut durchkneten. Kleine Chargen davon in der Küchenmaschine mit Wolfaufsatz durchwolfen (so fein wie *Filet Americain*). Erneut sehr sorgfältig durchkneten.

— Mit angefeuchteten Händen kleine Kugeln aus der Mischung formen, jeweils eine in die Handfläche legen und mit dem Zeigefinger eindrücken und drehen, um eine Art Tasche zu formen. 1 TL Füllung (nicht zu viel) hineingeben und die Tasche verschließen und zu einer Kugel formen. Je feiner das Hackfleisch, umso besser geht diese Arbeit von der Hand.

— Die Bällchen mit einem kleinen Stück Butter in den Topf mit der Sauce geben und in etwa 15 Minuten bei geringer Temperatur sanft garen. Nach Gusto mit Aleppo-Pfeffer oder *Pul biber* bestreut servieren.

Booza ahwe arabi ma hél, kataif, ashtah w wared

Kardamom-Kaffee-Eis auf knusprigem Engelshaar mit Rosenblüten-Crème

FÜR 4–6 PERSONEN

Für das Eis

500 ml Vollmilch

4 EL gemahlener arabischer Kaffee (mit Kardamom)*

2 Kardamomkapseln

90 g Zucker

4 sehr frische Bio-Eigelb**

Für das Gebäck

200 g Kataifi-Teig

50 g Butter, zerlassen

Für die Crème

100 g Mascarpone

100 g Ricotta

2 EL getrocknete Bio-Rosenblütenblätter, plus ein paar extra zum Garnieren

2 EL Zucker

1 EL Rosen-Himbeer-Konfitüre (siehe Seite 210) oder Himbeerkonfitüre

** In vielen türkischen oder nahöstlichen Geschäften findet man den Kaffee von Najjar. Der in der grünen Verpackung ist mit Kardamom.*

*** Wegen der rohen Eier ist der Verzehr des Eises für Kinder, Schwangere, Ältere und Personen mit geschwächtem Immunsystem nicht geeignet.*

Ich mag den Geschmack von Kaffee in Kombination mit Kardamom und Rosenblüten so sehr, dass ich alles Mögliche damit zubereite (Eis, Kuchen, Kekse). Die Aromen machen sich aber auch hervorragend in leckerer Eiscrème mit fluffig aufgeschlagenem *Ashtah*. Dieser besteht eigentlich aus extrafettem Rahm, kann aber ersetzt werden, indem man Mascarpone und Ricotta zu gleichen Teilen mischt. Das Kataifi-Gebäck sorgt für Crunch und sieht klasse aus. Denn Desserts und Süßigkeiten sind in Beirut nicht nur lecker, sondern immer auch eine Augenweide! Hallo Schönheit, *ya helwe* (»schön«/»süß« auf Arabisch)!

— Für das Eis die Milch in einem Topf mit Kaffeepulver und Kardamom 30 Minuten bei sehr geringer Temperatur ziehen lassen, dann durch ein sehr feines Sieb in eine Schüssel abseihen. Beiseitestellen.

— Den Zucker mit den Eigelben in einer weiteren Schüssel cremig aufschlagen. In einen Kochtopf geben und die Kardamom-Milch bei geringer Temperatur mit einem Schneebesen quirlend unterschlagen. Weiter quirlen, bis die Mischung dicker wird. Dann abkühlen lassen.

— Die Mischung in einer Eismaschine zu Eis verarbeiten. Alternativ im Gefriergerät gefrieren lassen und dabei alle 30 Minuten mit einer Gabel umrühren (oder nach 4 bis 6 Stunden das angefrorene Eis mit einem Stabmixer pürieren und erneut für 30 Minuten ins Gefriergerät geben).

— Den Backofen auf 220 °C vorheizen (Ober-/Unterhitze) und ein Backblech mit Backpapier auslegen.

— Für das Gebäck den Kataifi-Teig in eine Schüssel geben und die zerlassene Butter mit den Händen untermengen. Schöne, lockere Teigkreise auf dem Blech formen und im Ofen einige Minuten goldbraun backen, mit einem Bratwender vorsichtig wenden und weiterbacken, bis auch die andere Seite golden gebräunt ist. Auf Teller verteilen.

— Den Mascarpone und den Ricotta in einer Schüssel verrühren. Die Rosenblütenblätter mit dem Zucker im Mörser zerstoßen und zusammen mit der Rosen-Himbeer-Konfitüre unter die Mascarpone-Ricotta-Mischung rühren. Die Crème auf den Kataifi-Kreisen verteilen, jeweils eine Kugel Eis daraufgeben. Mit ein paar Rosenblütenblättern garniert servieren.

Salatit za'atar ma halloum, lous w yansoon

Zatar-Salat mit Halloumi, Mandeln und Anis

FÜR 4 PERSONEN

150 g blanchierte Mandelkerne

2 Bund frisches *Zatar-Kraut* (alternativ Oregano)

½ EL Anissamen

225 g Halloumi

Sumach

Aleppo-Pfeffer oder *Pul biber*

etwas hochwertiges, kalt gepresstes Olivenöl

Dies ist eine Art Appetitanreger und sehr elegant. Das war nicht unbedingt meine Absicht, aber es wurde so. Ich liebe frische junge Mandelkerne, kurz bevor sie eine wirklich harte Nuss werden. In Beirut kauft man sie, wenn sie Saison haben, in ihrer zarten Haut. Alternativ kann man herkömmliche Mandelkerne verwenden und sie ein paar Stunden in heißem Wasser einweichen. Ich liebe auch salzigen Halloumi, der so wunderbar zwischen den Zähnen quietscht, aber ich finde ihn in groben Stücken manchmal zu gummiartig. Deshalb habe ich ihn bei diesem Rezept in hauchdünne Scheiben geschnitten. Wenn der Halloumi gebraten wird, sollte man den restlichen Salat bereits fertig haben, denn am besten schmeckt das Ganze, wenn der Halloumi noch warm serviert wird!

— Die Mandelkerne optional in einer Schüssel mit heißem Wasser übergießen und einige Stunden einweichen lassen. Dann durch ein Sieb abgießen und die Mandelkerne durch Trennen der Segmente jeweils halbieren.

— Die Blätter des Zatar oder Oreganos abzupfen und auf Teller verteilen. Die Mandelhälften darauf verteilen.

— Die Anissamen in einer trockenen Pfanne ohne Fettzugabe anrösten, bis sie aromatisch duften. Beiseitestellen.

— Den Halloumi in hauchdünne Scheiben schneiden und diese in einer heißen Pfanne ohne Fettzugabe goldbraun anbraten. Dann auf dem Salat verteilen.

— Mit den gerösteten Anissamen und etwas Sumach sowie Aleppo-Pfeffer oder *Pul biber* bestreuen. Mit Olivenöl besprenkeln und sofort servieren. Essen! »*Kul kul!*«, auf Libanesisch.

Djej meshwe ma akkadenia, sumac w bortugal

Hähnchenschenkel mit Sumach, Mispeln und Orangen

FÜR 4 PERSONEN

5 Zehen Knoblauch

Salz und Pfeffer aus der Mühle

2 EL Sumach

2 TL Cayennepfeffer

4–8 Hähnchenschenkel

2 reife Bio-Blutorangen

2 Bio-Zitronen

10 Wollmispeln (alternativ ein paar feste und säuerliche Aprikosen oder *Yenidünya* aus dem türkischen Lebensmittelladen)

einige Zweige frischer Thymian

Olivenöl

Wenn ich bei Adib (siehe Seite 167) und Raya esse, kochen wir normalerweise zusammen. Oder besser: Ich schaue in ihre Kühlschränke (die in mehreren Ausgaben und von enormen Ausmaßen sind, wie man es in Beirut öfter sieht) und gucke, was vorrätig ist. Dann zaubern wir etwas daraus. Einmal waren sehr viele Mispeln im Kühlschrank, und wir wollten etwas mit Huhn kochen, denn Adib hatte gerade sehr schöne Hähnchenschenkel bei einem Hühnerzüchter geholt. Ich rieb diese mit viel Knoblauch und Sumach, etwas Cayenne und großzügig Salz ein, legte sie in eine Auflaufform, drückte etwas Blutorange und Zitrone darüber aus und verteilte die geschälten Mispeln darauf. Zum Schluss noch etwas Thymian dazu (der auch im Kühlschrank lag) und *voilà*, ein neues Lieblingsrezept war geboren. Junge, Junge, was haben wir geschlemmt! Aus den Früchten wurde eine scharfe, säuerliche Sauce und aus dem Hähnchen eine würzige Köstlichkeit mit knuspriger Haut. Also in Großbuchstaben *KTIR TAYBE* (»sehr lecker« auf Libanesisch).

— Den Backofen auf 225 °C vorheizen (Ober-/Unterhitze).

— Den Knoblauch im Mörser mit etwas Salz und Pfeffer sowie dem Sumach und Cayennepfeffer fein zerstoßen. Die Hähnchenschenkel mit dieser Mischung gut einreiben, dann in eine Auflaufform geben und eine Weile (oder länger) im Kühlschrank marinieren lassen.

— Die Blutorangen sowie Zitronen halbieren, über den Hähnchenschenkeln ausdrücken und in der Auflaufform platzieren.

— Die Mispeln schälen, entsteinen und in Streifen schneiden, dann in der Auflaufform verteilen. Dann die Thymianzweige über und zwischen den Hähnchenschenkeln verteilen. Mit Olivenöl besprenkeln.

— Die Hähnchenschenkel in 15 Minuten im Ofen goldbraun bräunen. Die Ofentemperatur auf 190 °C reduzieren und alles weitere 15–20 Minuten sanft garen.

— Die Hähnchenschenkel mit viel Saft und Obst auf Teller verteilen und mit Beilagen nach Wahl servieren.

Tamer ma' hél bascot

Dattel-Kardamom-Kekse à la Sawsan

ERGIBT 1 GROSSE DOSE VOLLER KEKSE

Für den Teig

60 g Weizenmehl Type 405

40 g feiner Semolina-Grieß, plus 4 EL Semolina-Grieß extra zum Wälzen

60 ml Orangensaft, frisch gepresst

1 EL Olivenöl

1 Msp. Salz

Für die Füllung

½–1 TL gemahlener Kardamom (mehr oder weniger nach Belieben)

350 g Dattelpaste (aus den nahöstlichen Geschäft)

Es ist kein Geheimnis, dass ich ein Fan von Sawsan (sprich: Sauwsan) vom Bauernmarkt Souk el Tayeb bin. Sie stellt ihr eingelegtes Gemüse mit akkurater Präzision her, füllt Töpfe kunstvoll mit Schichten von Zatar, Sumach und Sesam. Und sie backt wirklich köstliche, schöne und leckere Kekse in einer schwindelerregenden Auswahl (obwohl sie alles selbst macht, in ihrer eigenen Küche!), ideal als kleine Zwischenmahlzeit. Ich habe mich ein wenig in diese Dattelkekse verliebt, die so einfach und so lecker sind. In einer verschlossenen Dose halten sie sich schier ewig. Natürlich habe ich etwas (na klar ...) Kardamom als Extra hineingetan, denn dieser Geschmack harmoniert für mich perfekt. Inzwischen habe ich zu Hause diese Kekse immer vorrätig (ebenso wie die Anis-Sesam-Kringel, die auch auf diesem Bild zu sehen sind, Rezept auf Seite 182).

— Für den Teig das Mehl und den Semolina-Grieß in einer Schüssel vermischen, dann mit dem Orangensaft, dem Olivenöl und dem Salz in etwa 10 Minuten zu einem glatten und geschmeidigen Teig verarbeiten. Optional etwas Orangensaft hinzufügen, falls der Teig zu trocken ist. Den Teig mit der Teigwalze zu einem dünnen Rechteck auswalzen und dieses der Länge nach in vier annähernd gleich große Streifen schneiden.

— Den Kardamom in einer Schüssel mit der Dattelpaste vermischen und alles zu einem langen dünnen Strang rollen (geht sehr gut zwischen Backpapier). Den Dattel-Strang in vier Teile schneiden, mit der gleichen Länge wie die Teigstreifen.

— Je einen Dattel-Strang mittig auf jeden Teigstreifen legen. Den Teig um den Dattel-Strang falten, fest zusammendrücken und die Teigränder verschließen.

— Etwas Semolina auf einem Teller verteilen und die gefüllten Teigrollen darin wälzen. 30 Minuten im Kühlschrank fest werden lassen.

— Den Backofen auf 160 °C (Umluft) vorheizen. Ein Blech mit Backpapier auslegen.

— Die Teigrollen mit einem scharfen Messer in dünne Scheiben schneiden, diese sanft flach drücken und auf das Backblech legen. 20–25 Minuten im Backofen backen (die Füllung sollte saftig bleiben). Abkühlen lassen und genießen.

Ka'ak ma yansoon, mahlab w fistok

Anis-Sesam-Kringel mit Mahlab und Pistazien

ERGIBT EINE GROSSE PORTION KEKSE

100 g Pistazienkerne, gehäutet

400 g Weizenmehl Type 405

2 TL Backpulver

¼ TL Salz

½ EL fein gemahlenes Mahlab (aus dem türkischen Lebensmittelladen)

2 EL Anissamen

4–6 EL extrafeiner Zucker

1 Ei, plus 1 Ei extra für die Eistreiche

130 ml Vollmilch

130 ml Olivenöl

Sesamkörner

Schwarzkümmelsamen

In einer Stadt wie Beirut kann man von diesen leckeren kleinen Kringeln nie zu viel backen (ansonsten halbiert man die Zutatenangaben einfach). Dieses Gebäck schmeckt zum Morgenkaffee so unwiderstehlich gut, dass man genau weiß, warum man immer eine Menge davon backen sollte. Ursprünglich werden sie ohne Pistazienmehl hergestellt, aber ich finde das sehr lecker und außerdem hübsch anzusehen, denn die Pistazien verleihen der Sache eine leicht hellgrüne Farbe, wie man auf Seite 180 oben im Bild erkennen kann. Die Kringel sind nicht bizarr süß, ganz nach meinem Geschmack, und besonders köstlich in Kombi mit einer schönen Tasse arabischem Kaffee – wie in der Illustration des Designers Salim Azzam gegenüber abgebildet, dessen Arbeit ich sehr bewundere. Vielen Dank, Salim!

— Den Backofen auf 190 °C (Umluft) vorheizen.

— Die Pistazienkerne im Universalzerkleinerer sehr fein zerhäckseln und dann in einer Schüssel mit dem Mehl, dem Backpulver sowie dem Salz vermischen. Das Mahlabpulver, die Anissamen und den Zucker untermengen. 1 Ei, die Vollmilch und das Olivenöl hinzugeben und alles mit dem Knethaken (Rührgerät) oder von Hand zu einem glatten Teig verkneten.

— Den Teig portionsweise in dünne Wülste von etwa 10 Zentimetern Länge rollen und an den Enden Kringelförmig zusammendrücken. Auf einem mit Backpapier ausgelegten Backblech verteilen.

— Etwas Sesam und Schwarzkümmel in einer kleinen Schale vermischen.

— Das restliche Ei über einer weiteren kleinen Schale aufschlagen und verquirlen. Die Kringel mit der Eistreiche einpinseln und mit der Sesam-Schwarzkümmel-Mischung bestreuen.

— Im vorgeheizten Ofen 10 Minuten backen, bis die Kringel sehr hell goldbraun sind. Abkühlen lassen und genießen.

ILLUSTRATION VON SALIM AZZAM

Tajèn* ma samak, bortugal, hamoud, lous, snobar w sumac

Fisch mit Orange, Kapern, Mandeln, Pinienkernen und Sumach

FÜR 4 PERSONEN

Olivenöl

2 feste, weißfleischige Fischfilets (wie etwa von Schellfisch, Kabeljau oder Heilbutt)

1 Zehe Knoblauch, sehr fein gehackt

1 Bio-Orange oder Bio-Mandarine

1 Bio-Zitrone

1 Frühlingszwiebel, fein gehackt

150 ml weiße Tahina

Salz

50 ml Sonnenblumenöl

50 g Pinienkerne

50 g Mandelkerne

2 EL in Salz eingelegte Kapern aus dem Glas (abgewaschen und trocken getupft)

2 EL frische glatte Petersilie, fein gehackt

1 EL Sumach

hochwertiges, kalt gepresstes Olivenöl

** Das Wort »Tajèn« klingt ähnlich wie das marokkanische »Tagine«, aber dieses Gericht hat damit nichts zu tun.*

Ich glaube, dies ist eine der leckersten *Mezze*, die es gibt. Ich habe einmal eine köstliche Version davon im Babel in Zaitunay Bay gegessen (dieser luxuriöse Elitehafen ist übrigens nicht meine Lieblingslocation, um essen zu gehen, siehe Seite 170), und diese Version ist meine Antwort darauf. Der Fisch wird im Originalrezept zusammen mit Tahina zerkleinert, aber ich verwende ihn in schönen, großen Stücken. Sämtliche Zutaten machen dieses Gericht zu einem mediterranen Gaumenschmaus und einer Augenweide. Die frittierten Kapern und die Zitruszesten sind beide nicht klassisch, aber unglaublich lecker.

— Etwas Olivenöl in einer Pfanne erhitzen. Die Fischfilets 2–3 Minuten mit drei Vierteln des Knoblauchs braten, bis sie gar sind. In grobe Stücke zerteilen und in eine Schüssel oder auf einen Servierteller geben.

— Die Schalen der Orange (Mandarine) und Zitrone über dem Fisch fein abreiben und die Frühlingszwiebelstücke darüber verteilen.

— Die Zitrusfrüchte über einer kleinen Schale auspressen und die Tahina sowie den restlichen Knoblauch und etwas Salz untermischen, sodass eine cremige Sauce entsteht. Falls die Sauce zu dickflüssig ist, etwas Zitronensaft oder Wasser unterrühren.

— Das Sonnenblumenöl in einer Pfanne erhitzen und die Pinienkerne sowie Mandeln goldbraun darin frittieren. Aus der Pfanne heben und auf einem Teller abkühlen lassen.

— Im selben Öl die Kapern goldbraun und knusprig frittieren.

— Die Tahina-Sauce über den Fisch träufeln und die Mandelkerne, Pinienkerne sowie Kapern darüber verteilen. Mit Petersilie sowie Sumach bestreuen und mit etwas Olivenöl beträufelt servieren.

B 6604

ZOKAK EL-BLAT, BASTA & MAR ELIAS

زقاق البلاط والبسطة
ومار إلياس

Die legendäre **libanesische Sängerin Fairuz** lebte in ihrer Jugend in Zokak el-Blat. Sie sang über Beirut in dem **wunderschönen Lied *Li Beirut***, das man sich unbedingt anhören sollte.

Zokak el-Blat
Basta
Mar Elias

Kapitel 6

Die Macht des Geldes: Villen versus Wolkenkratzer

Zokak el-Blat

Zokak el-Blat ist einer der ältesten Bezirke Beiruts und liegt im Herzen der Stadt. Im Grunde zeigt sich hier *en miniature* die ganze Metropole. Die Macht des Geldes lässt die schönsten Villen und Paläste aus dem Goldenen Zeitalter Beiruts wie Schnee in der Sonne schmelzen. Sie werden zu Ruinen, und, ehe man sichs versieht, gegen ein neues Hochhaus eingetauscht. Zokak (»Korridor«) el-Blat (»der Fliesen«) – wörtlich »die gekachelte Straße« – war schon immer ein Mosaik aus Kulturen, Religionen und Menschen, einst die erste befestigte Straße außerhalb der Stadtmauern von Beirut. Wohlhabende Kaufleute ließen dort zwischen Obstgärten ihre Villen errichten. Es ist auch der Geburtsort der berühmten libanesischen Sängerin Fairuz*, und auch Charles de Gaulle lebte dort in den 1930er-Jahren.

** Eine der berühmtesten Sängerinnen des Mittlereren Ostens und bekannt auf der ganzen Welt. 2011 füllte sie mit ihrem Konzert im Amsterdamer Theater Carré den Saal bis zum letzten Platz, mit einer bunten Mischung von Menschen, und ich saß in der zweiten Reihe. Zusammen mit Nadia versorgte ich Fairuz und ihre Mitmusiker backstage, da mich ein Bandmitglied auf der Straße in Beirut erkannt hatte (allerdings isst die* Grande Dame *fast nichts auf Tour). Ich werde nie vergessen, wie spät an diesem Abend vor dem Theater Gruppen von Menschen Fairuz' Lieder sangen, sogar auf den Booten auf der Amstel – Fairuz' federnde Musik. Als befänden wir uns gerade auf den von Klängen erfüllten Straßen von Beirut.*

Ichkhanian Bakery

Mittlerweile gleicht dieser Stadtteil einer Mischung aus altem nostalgischen Dorf und einem Wirbel der modernen Zeit mit all ihrer Gentrifizierung. Jede Minute wachsen neue Türme in den Himmel und blicken mit leichter Arroganz auf die staubige, verlorene Pracht unter ihnen. Es gibt auch heute noch echte Paläste in Zokak el-Blat, wie den Heneine Palace (auf der Liste der Weltkulturdenkmäler) oder die fast schon unwirklich anmutende Märchenvilla, die jahrelang die Ateliers von Huda Baroudi (siehe Seite 65) und Maria Hibri von Bokja Design beherbergte. Aber die baufälligen Gebäude seufzen und ächzen unter ihrer eigenen Last, und die Beiruter warten fast mit angehaltenem Atem darauf, bis sie sanft unter einer riesigen Staubwolke zusammenbrechen. Die Gärten sind noch immer voller prächtiger Sträucher und Bäume, genau wie in jener Goldenen Ära, in der sie angelegt wurden. In Zokak el-Blat lebt noch immer eine kleine armenische Gemeinschaft, wofür die Ichkhanian Bakery der lebende und leckerste Beweis ist. Inzwischen hat der Sohn des Ehepaares, das das Unternehmen gegründet hat, auch eine hippe Version am Stadtrand eröffnet. Aber die Ursprünge liegen hier.

Mar Elias und Basta

Neben Zokak el-Blat liegen das beliebte Viertel Mar Elias und die bunten Gassen von Basta, mit diversen alten und manchmal sogar trendigen Antiquitätenläden, in denen Schönes aus früheren Tagen auf neue Besitzer wartet. Inzwischen befindet sich hier auch das neue Atelier von Huda und Maria, vielleicht in naher Zukunft sogar in Kombination mit einem Café.

LILY IN DER ICHKHANIAN BAKERY

Ein Spaziergang mit Lily

Lily Abichahine, eine sportliche und temperamentvolle Anwältin aus Beirut, wuchs in Zokak el-Blat auf (sie lebte aber auch einige Jahre in Den Haag, als sie für den Internationalen Gerichtshof arbeitete). Ich spaziere mit Lily durch Zokak el-Blat und dann weiter nach Mar Elias, wo sie heute lebt. Wir essen im al Soussi zu Mittag, einem Lokal, das auch bei Menschen von außerhalb der Nachbarschaft beliebt ist. Lily erzählt: »In meiner Jugend gingen wir oft in die Bäckerei Ichkhanian, um 50 *Lahme bi ajeen* (siehe Seite 139) oder *Manti* vorzubestellen, wenn wir bei Familienfeiern Gäste erwarteten. Diese Art von Großbestellung war ganz normal. Ansonsten kauften wir aber nie fertiges Essen ein: Meine Mutter kochte und buk immer zu Hause und sehr gut. *Molokhia* (spinatähnliches Gemüse mit Reis und Huhn) oder *Moghrabieh* (Eintopf mit Kichererbsen und Huhn).«

Es geht oft um das Aussehen, aber manchmal auch nicht!

»Im Libanon haben die Restaurants einen fantastischen Service, die Dekoration ist wunderschön und das Essen sehr lecker. Es geht auch um das Aussehen der Menschen, um das Äußere, aber im Wesentlichen nur um die gute (libanesische) Küche. Deshalb liebe ich Lokale wie das al Soussi, am Rande von Zokak el-Blat bei Mar Elias (siehe Seite 192), wo alles auf das Wesentliche beschränkt ist und es nur ums Essen geht – bescheidene Orte, die echten Stars der Stadt. Lustigerweise wurde das al Soussi vor Kurzem geradezu populär, nachdem ein Journalist der *New York Times* darüber berichtet hatte. Dann kamen plötzlich Leute, die noch nie zuvor hierher gegessen hatten, und dies in Scharen. Offenbar brauchen wir eine Autorität, die uns sagt, was gut ist!«, lacht Lily und wirft ihren Kopf in den Nacken.

Liebe geht durch den Magen

»Wissen Sie, im Libanon hängt alles im Leben am Gefühl: Mütter, die mit Hingabe und Liebe ihre Kinder bekochen, bis diese vierzig sind! Essen ist Emotion und bleibt immer mit der Rolle der »Mama« verbunden, dem besten Koch der Welt«, sagt Lily. Und Ähnliches habe ich schon oft von Libanesen gehört: Wenn man ins Ausland geht, um zu studieren, ist der Koffer vollgepackt mit eingemachter Hausmannskost.

Seidig weiche Avocado-Crème

Nach dem Mittagessen im al Soussi gehen wir weiter, durch die grünen und sonnendurchfluteten Straßen von Zokak el-Blat, in Richtung Mar Elias. Wir kommen an kleinen Läden vorbei, die einen Umweg wert sind: bei einem Gemüsehändler in der Nähe von Lilys Haus sieht es aus wie im Garten Eden. An einer Straßenecke befindet sich der Gewürzladen Hassouna: nostalgische Apothekenschränke aus Holz, gefüllt mit unzähligen Spezereien, draußen Körbe voller prächtiger Rosenblüten und Zitronenverbene, außerdem Sesam und Schwarzkümmel. Und dann die Köstlichkeiten vom Al Intabli. Man könnte glatt an der kleinen Snackbar vorbeilaufen, wenn man nicht wüsste, dass hier seidige Avocado-Crème mit sahnigem *Ashtah* zu bekommen ist. Der Geruch von gebackenen Zwiebeln weht uns um die Nase. Die Küchen von Beirut sind überall und nirgendwo.

Adressen

AL SOUSSI – Jeder Beiruter hat seine eigenen Favoriten, wenn es um die so wichtigen Gerichte wie Hummus, *Foul* und *Fatteh* geht. Das Al Soussi ist ein Favorit von Lily – und von vielen anderen. Es fängt sogar an, ein bisschen zu einer Topadresse zu werden (ja, tut mir leid, genau das verstärke ich noch mit diesem Buch), aber ich finde das Essen hier immer noch köstlich. Balsam für Gaumen und Seele. Die Speisekarte ist urkomisch in ihrer Rechtschreibung, voller ungelenker Übersetzungen aus dem Arabischen. Oh, und es gibt dort diese saftigen Bällchen aus zartestem Ziegenhackfleisch!

—

Ibn Rouchoud Street, Mar Elias.

HASSOUNA – Ein authentischer Gewürz- und Teeladen, mit Eimern voller getrockneter Rosenblütenblätter und köstlicher Kräuter. Solche Läden mit hölzernen Apothekenschränken sieht man heute nicht mehr oft.

—

Umayyad Street, Ecke Cheikh Mohammed Alaya, Mar Elias.

AL INTABLI – Eine Snackbar, in der man frischeste Säfte, Desserts, Puddings und Fruchtcocktails bekommt: Das Al Intabli ist ein Favorit aus alter Zeit, ein Mekka für Gourmets. Für die leckerste Avocado-Crème mit *Ashtah* (eine Ricotta-ähnliche Sahnecrème), Honig und Mandeln, *Muhallabiyyeh* und *Meghli* (Reispudding mit Gewürzen). Ein Muss!

—

Mar Elias Street, Ecke Maalouf Street, Mar Elias.

ASHGALOUNA – Ein Restaurant wie kein anderes. Nur freitags geöffnet, nur mittags geöffnet, und geführt von einer NGO, die sich um Witwen und Waisen kümmert. Das üppige Büfett mit libanesischer Hausmannskost wird von »echten Hausfrauen« (die sehr gut kochen) erstellt, und das Essen ist phänomenal lecker. Alles läuft nach besonderen Regeln: Das Büfett wird um zwei Uhr eröffnet und keine Minute früher. Auch schön, dem Publikum zuzuschauen: ältere libanesische Frauen, manchmal vom Chirurgen verschönert, die den Ort in eine Art Clubhaus umgebaut haben. Dort isst man immer zu viel. Gerade wenn man glaubt, dass man wirklich nicht mehr kann, wird das DessertBüfett eröffnet. Reservierung erforderlich.

—

Zarif Street, Zokak el-Blat.
daralaytam.org

ICHKHANIAN BAKERY – Eine Topadresse für Spezialitäten wie hauchdünne *Lahme bi ajeen* (die armenische Pizza mit Hackfleisch, hier auch mit Granatapfelsirup!), saftige *Manti* (Nudelpäckchen mit Joghurtsauce) und *Su boreg* (Käsekuchen), die man auch vorab bestellen kann. Die Bäckerei beliefert seit vielen Jahren auch Großfamilien, wie die von Lily. Inzwischen hat die jüngere Generation moderne Restaurants eröffnet wie die Nour und Ichkhanian in Zalka, aber hier hat alles angefangen.

—

Hussein Beyhum Street, Zokak el-Blat.
ichkhanianbakery.com

LE PROFESSEUR – Kamal Mouzawak (siehe Seite 103) schwört auf das Le Professeur für das schmackhafteste *Foul*, *Hommus msabaha*, *Fatteh* und so weiter. Frisch zubereitet, mit den knackigsten Kräutern und intensivsten Aromen. Puh … es wird immer schwieriger, einen Favoriten auszuwählen!

—

Maalouf Street, Mar Elias.

MAKARI – Eine aussterbende Spezies: Makari ist einer der wenigen verbliebenen *Mufataka*-Hersteller; ein köstlicher, goldfarbener Reispudding mit Kurkuma, Tahina, Zucker und Pinienkernen, der stundenlang gerührt wird, um diese besondere Konsistenz zu erreichen. Die Frage ist: Wie lange gibt es ihn noch? Der Nachfolger des Betreibers ist nämlich ungesichert, sodass die Reise nach Basta – oder eigentlich Mar Elias – sich noch mehr lohnt. Zuerst (zu viel) schlemmen im al Soussi oder Le Professeur, dann ein Bummel durch die Straßen von Basta mit all den Antiquitätenläden und der bodenständigen Lebendigkeit von Mar Elias. Dann ist man bereit für einen Teller *Mufataka* oder *M'fataka* – um ihn sich mit jemandem zu teilen, denn kleine Portionen gibt es nicht. Man kann den Teller aber mitnehmen und behalten!

—

Mar Elias Street, im Bereich zwischen Semaan und Cheikh Moustafa Naja. Mar Elias.

AL SOUSSI

HASSOUNA

AL SOUSSI

AL INTABLI

LE PROFESSEUR

Foul ma kesbara

Grob pürierte Saubohnen mit Koriander und Kreuzkümmel

FÜR 4 PERSONEN

250 g getrocknete kleine Saubohnenkerne, eingeweicht* (oder 2 Dosen abgetropfte *Foul*-Bohnenkerne)

2 TL Backpulver

½ Bund frisches Koriandergrün

½ Zehe Knoblauch

Salz

gemahlener Kreuzkümmel

Saft von 2 Zitronen, frisch gepresst

hochwertiges, kalt gepresstes Olivenöl

** Kleine Saubohnenkerne sind hierzulande nicht immer leicht zu finden. Foul-Bohnen aus der Dose sind eine Alternative. Kaufen kann man sie in türkischen oder nahöstlichen Geschäften. Frische oder getrocknete große Saubohnenkerne sind nicht geeignet. Die kleinen braunen sind perfekt, wenn man sie bekommen kann.*

Salate und Dips aus ganzen sowie fein oder grob pürierten Hülsenfrüchten sind Klassiker der Beiruter Küche, ohne die die Stadt meiner Meinung nach akut zum Erliegen käme. Ein paar Stunden kein Strom – okay, aber ohne *Foul,* Hummus oder *Fatteh*? Undenkbar, es sind die Motoren der Stadt! »Semi-Streetfood« und an jeder Straßenecke und für jedermann in bester Qualität verfügbar. Preiswert, gesund und lecker. Ich verleihe meinem *Foul* (pürierten Saubohnen) zusätzliche Aromen, indem ich frischen Koriander untermenge. Auf den folgenden Seiten finden sich die Rezepte der anderen Gerichte auf diesem Bild, nämlich *Fattet hommus ma lahme w batenjan* (eine Kombi aus Kichererbsen, Fladenbrot, Knoblauch-Joghurt-Sauce, Lammhack und Aubergine) und *Hommus msabaha* (Kichererbsen-Salat mit Tahina-Crème).

— Die Saubohnen einige Stunden in einer Schüssel mit 1 TL Backpulver in Wasser einweichen. Danach abgießen und in reichlich frischem Wasser mit dem restlichen Backpulver zum Kochen bringen. Die Bohnen je nach Beschaffenheit 45–60 Minuten köcheln, bis sie weich sind. Man kann auch einen Schnellkochtopf verwenden, dann dauert es nur 30 Minuten. Die Bohnen abgießen und gut abtropfen lassen.

— Das Koriandergrün sehr fein hacken und zusammen mit dem Knoblauch in einem Mörser mit etwas Salz und Kreuzkümmel fein zerkleinern. In einer Schüssel mit dem Zitronensaft und einem großen Löffel Bohnen vermischen und mit dem Stabmixer grob pürieren. Die restlichen Bohnen untermischen und alles nochmals mit Salz abschmecken. Auf Schüsseln verteilen. Mit Olivenöl beträufelt und mit etwas Kreuzkümmel bestreut servieren.

— Schalen mit knackigem Gemüse und Kräutern wie Tomaten, Frühlingszwiebeln, frischer Minze, Radieschen etc. dazu reichen.

Hommus msabaha

Kichererbsen-Salat mit Tahina-Crème, gerösteten Pinienkernen und Kreuzkümmel

FÜR 4 PERSONEN

250 g hochwertige getrocknete Kichererbsen (vorzugsweise spanische)

2 TL Backpulver

250 ml weiße Tahina

Salz

Saft von 1 Zitrone, frisch gepresst

1 Zehe Knoblauch, fein zerdrückt

100 g Pinienkerne

1 Spritzer hochwertiges, kalt gepresstes Olivenöl

½ Bund frische glatte Petersilie, fein gehackt

Kreuzkümmel

edelsüßes Paprikapulver

— Die Kichererbsen ein paar Stunden mit 1 TL Backpulver in einem Topf in Wasser einweichen. Danach abgießen und in reichlich frischem Wasser mit dem restlichen Backpulver zum Kochen bringen. Die Kichererbsen je nach Beschaffenheit mindestens 60 Minuten köcheln lassen, bis sie so weich sind, dass sie sich mit den Fingern leicht zerdrücken lassen. Durch ein Sieb abgießen und gut abtropfen lassen.

— Die Hälfte der Kichererbsen enthäuten und in eine Schüssel geben, die restlichen beiseitestellen. Die enthäuteten Kichererbsen mit der Hälfte der Tahina, etwas Salz, einem Spritzer Wasser und etwas vom Zitronensaft mit dem Stabmixer oder im Standmixer zu einer sämigen, sehr glatten Crème pürieren. Als Tahina-Crème beiseitestellen.

— Den Rest der Tahina mit etwas kaltem Wasser und dem restlichen Zitronensaft, dem Knoblauch und etwas Salz in einer Salatschüssel zu einem Dressing vermengen, dann die ungehäuteten Kichererbsen untermengen. Als Kichererbsen-Salat beiseitestellen.

— Die Pinienkerne in etwas Öl in einer Pfanne goldbraun anbraten.

— Auf den Kichererbsen-Salat die Tahina-Crème löffeln, etwas Olivenöl darüberträufeln und alles mit Petersilie, Kreuzkümmel, Paprikapulver und gerösteten Pinienkernen bestreuen. Siehe Foto auf Seite 194.

Fattet hommus ma lahme w batenjan

Kichererbsen mit Joghurt, Fladenbrot, Aubergine und Granatapfel

FÜR 4–6 PERSONEN

300 g Kichererbsen

2 TL Backpulver

2 Zimtstangen

1 große Aubergine

Salz

kalt gepresstes Olivenöl

2 Zwiebeln, halbiert und in Ringe geschnitten

1 TL *Sabah baharat**

2 TL gemahlener Kreuzkümmel, plus etwas Kreuzkümmel extra zum Garnieren

250 g Lammhackfleisch

4 EL Granatapfelsirup

2 Fladenbrote (etwa 500 g)

1 Zehe Knoblauch

500 g türkischer oder griechischer Joghurt

Schale und Saft von 1 Bio-Zitrone, fein abgerieben und frisch gepresst

3 EL Tahina

4 EL Pinienkerne

Pflanzenöl

1 Bund frische glatte Petersilie, fein gehackt

Granatapfelkerne

Paprikapulver

** Um die Mischung selbst herzustellen, zu gleichen Teilen Piment, Zimt, schwarzen und weißen Pfeffer, Muskat, Gewürznelken, Ingwer und/oder Kardamom und Koriander im Mörser zerstoßen.*

Fatteh **gibt es in allen möglichen Varianten, mit oder ohne Fleisch oder mit Garnelen – das ultimative Komfortnahrungsmittel. Daisy Mohr (siehe Seite 255) träumt sogar manchmal davon, so köstlich ist es. Sie hat das libanesische Essen ins Herz geschlossen, und dies ist ihr Lieblingsgericht. Wie libanesisch geprägt Daisy und ihre Familie mittlerweile sind, wurde deutlich, als sie im Urlaub in Holland waren und auf ein libanesisches Lokal in Edam stießen. Daisys Kinder wollten sofort *Kibbeh* und Falafel – um jeden Preis. Das Bild zu diesem Rezept befindet sich auf Seite 194.**

— Die Kichererbsen ein paar Stunden mit 1 TL Backpulver in einem Topf in Wasser einweichen. Abgießen und in reichlich frischem Wasser mit dem restlichen Backpulver sowie den Zimtstangen im Topf zum Kochen bringen. Die Kichererbsen je nach Beschaffenheit mindestens 60 Minuten köcheln lassen, bis sie weich sind. Dann die Zimtstangen entfernen.

— Die Aubergine in grobe Würfel schneiden und mit etwas Salz bestreuen. Einen großzügigen Spritzer Olivenöl in einer Pfanne erhitzen und die Würfel portionsweise darin goldbraun anbraten. Auf einem Teller beiseitestellen. Erneut etwas Olivenöl in der Pfanne erhitzen und die Zwiebelringe etwa 10 Minuten sanft darin anschwitzen. *Sabah baharat*, Kreuzkümmel, Lammhack und etwas Salz hinzufügen. Die Temperatur erhöhen und alles 5 Minuten unter Rühren anbraten. Den Granatapfelsirup und etwas Wasser hinzufügen. Weitere 10 Minuten unter Rühren anbraten, bis die Flüssigkeit verdampft ist.

— Den Backofen auf 200 °C vorheizen (Ober-/Unterhitze) oder die Grillfunktion einschalten. Die Fladenbrote in grobe Stücke zerteilen. Mit etwas Öl besprenkeln und mit Salz bestreuen, dann goldbraun im Backofen backen.

— Den Knoblauch fein reiben und in einer Schale mit dem Joghurt, Zitronenabrieb und -saft sowie der Tahina vermischen. Die Sauce mit Salz abschmecken. Die Pinienkerne mit etwas Öl goldbraun in einer Pfanne anbraten. Drei Viertel des Brotes auf Servierschüsseln verteillen. Sauce, Hackfleisch, Aubergine und Kichererbsen daraufgeben (4 EL aufbewahren). Das restliche Brot und den Rest der Sauce darüber verteilen. Mit den restlichen Kichererbsen sowie mit den Pinienkernen, der Petersilie, den Granatapfelkernen, dem Paprikapulver und etwas Kreuzkümmel garniert servieren.

ASHGALOUNA

MAKARI

ICHKHANIAN BAKERY

ICHKHANIAN BAKERY

AL SOUSSI

ICHKHANIAN BAKERY

PIGEON ROCKS, RAOUCHE

Ka'ak ma za'atar w zibde

Sesam-Schwarzkümmel-Fladen mit Zatar-Butter

ERGIBT 6–8 GROSSE FLADEN (ABHÄNGIG VON DER GRÖSSE)

Für die Fladen

200 g Weizenmehl Type 550, plus etwas Mehl extra zum Bestreuen der Arbeitsfläche

150 g Semolina-Grieß

Salz

4 EL Olivenöl

4 EL Sesamkörner

2 EL Schwarzkümmelsamen

Für die Zatar-Butter

2 EL Zatar

4 EL gesalzene Butter, raumtemperiert

Das ist pure Beirut-Romantik: *Ka'ak*-Verkäufer knattern auf Mopeds durch die Stadt, behängt mit Tragevorrichtungen voller ovaler Fladenbrote. Ein Anblick wie aus einer vergangenen Ära, aber durchaus heute noch real. Bei diesen Händlern bekommt man für gut 1000 LBP (etwa 0,50 Euro) unglaublich leckere und knusprige Fladenbrote mit Zatar. Der Originalteig ist leicht süß und enthält ein bisschen Zucker, den ich persönlich meide. Deshalb habe ich das Rezept etwas abgewandelt und Fladen mit Sesam und Meersalz daraus gemacht. Eine Ode an die *Ka'ak*-Verkäufer Beiruts. Diese Fladen sind ein echter Hit, wenn man sie mit Zatar-Butter kombiniert: Eines Tages rührte ich einen großen Löffel Zatar in weiche, gesalzene Butter, die wir dann zu ofenfrischem Fladenbrot aßen, und zwar ratzeputz, bis auf das letzte Flöckchen. Was für eine »Warum habe ich das noch nie ausprobiert«-Kombination: Zatar und Butter mit frischem Brot, Fladenbrot versteht sich. Ich stelle den Teig am liebsten mit meinem eigenen Sauerteig her, aber auch ohne lassen sich in nur 10 Minuten Kneten aus Mehl, Wasser und Salz echte Köstlichkeiten zaubern – so lecker, dass man sie immer wieder essen möchte. Wenn man Zeit hat, kann man den Teig 30 Minuten oder ein paar Stunden ruhen lassen, bevor man ihn ausrollt.

— Für die Fladen das Mehl mit dem Semolina-Grieß und etwas Salz in einer Schüssel vermischen. Nach und nach etwa 225 ml Wasser einarbeiten und alles in etwa 10 Minuten zu einem geschmeidigen Teig verkneten. Den Teig zu einem Strang rollen und diesen in sechs bis acht gleichmäßig große Portionen schneiden, dann diese zu Kugeln rollen. Die Arbeitsfläche immer wieder mit etwas Mehl bestreuen und darauf eine Teigkugel nach der anderen mit der Teigwalze zu ovalen Fladen ausrollen. Die Fladen auf ein mit Backpapier ausgelegtes Backblech legen. Jeweils einen ovalen Kreis etwas oberhalb der Mitte ausschneiden: so erhält man die typische Form. Die ausgeschnittenen Teile als Mini-Fladen ebenfalls auf das Backblech legen. Die Teiglinge mit einem Küchenpinsel mit Wasser einpinseln und mit den Sesamkörnern sowie den Schwarzkümmelsamen bestreuen.

— Den Backofen auf 225 °C (Ober-/Unterhitze) vorheizen. Ein Blech mit Backpapier auslegen. Die Teiglinge in 10–15 Minuten im vorgeheizten Ofen goldbraun backen.

— Währenddessen für die Zatar-Butter das Zatar in einer kleinen Schale unter die weiche Butter rühren und diese im Kühlschrank ein wenig fest werden lassen. Zu den ofenfrischen Fladen servieren.

Khibz ma smied w habbet el baraka

Fladenbrote mit Semolina, Sesam und Schwarzkümmel

ERGIBT 6–8 FLADENBROTE

300 g Weizenmehl Type 550, plus etwas Mehl extra zum Bestreuen der Arbeitsfläche

100 g Semolina-Grieß

1–2 EL flüssiger Sauerteig oder 1 TL Trockenhefe

Salz

Sesamkörner

Schwarzkümmelsamen

** Man kann sogar Express-Fladenbrote machen, ganz ohne Hefe oder Sauerteig, nur mit Wasser, Mehl und einem Spritzer Öl. Aber ein Teig mit Hefe oder Sauerteig ist etwas fluffiger und geht beim Ausbacken schöner hoch. Ich mache beide Varianten gerne, je nach Zeit.*

— Das Mehl und den Semolina-Grieß in einer Schüssel mit dem Sauerteig oder der Hefe sowie etwas Salz, Sesam und Schwarzkümmel gut vermischen. Nach und nach mit Knethaken (Rührgerät) etwas Wasser einarbeiten, bis ein geschmeidiger Teig entsteht. Ist der Teig ein bisschen zu nass, etwas mehr Mehl untermengen, andernfalls etwas mehr Wasser. 10 Minuten kneten, bis ein samtig weicher, geschmeidiger Teig entstanden ist. Optional den Teig nun 30 Minuten oder ein paar Stunden aufgehen lassen (wer keine Zeit hat, kann gleich zum Backen übergehen).*

— Den Teig nochmals kurz durchkneten, in sechs bis acht gleich große Portionen teilen und diese zu Kugeln rollen.

— Eine Bratpfanne bei hoher Temperatur auf dem Herd erhitzen, bis sie sehr heiß ist.

— Die Arbeitsfläche immer wieder mit etwas Mehl bestreuen und eine Teigkugeln nach der anderen so dünn wie möglich mit einer Teigwalze zu Fladen ausrollen.

— Einen Fladen nach dem anderen in der heißen Pfanne 2–3 Minuten auf beiden Seiten anbraten, bis er leicht gebräunt ist.

Cocktail avocado ma mazaher, Ashtah, fistok, wared w lous

Avocado-Crème mit Ashtah, Orangenblütensirup, Mandeln und Pistazien

FÜR 4 PERSONEN

Für die Garnierung

2 EL Mandelkerne

3 EL Pistazienkerne, davon 1 EL in der Pfanne geröstet

1 EL Bio-Rosenblütenblätter

Für die Avocado-Crème

2 perfekt gereifte Avocados

Puderzucker

4 EL Vollmilch

Für den Ashtah

4 EL Mascarpone

4 EL Ricotta

Für den Orangenblütensirup

200 g Zucker

Orangenblütenwasser

Dieser »Cocktail«, den man in Beirut bekommt, ist eigentlich eine Crème – erstaunlich, köstlich und so reichhaltig, dass man den ganzen Tag über eigentlich nicht viel anderes essen muss. Was sich allerdings als unmöglich erweisen wird, angesichts der Leckereien, die hier überall auf einen warten. Also auf in die Snackbar Al Intabli, in der man die Köstlichkeit in einem riesigen Becher serviert bekommt, bestehend aus mindestens zwei pürierten Avocados, *Ashtah* (einem extrafetten Rahm, den man mit Mascarpone und Ricotta perfekt imitieren kann), Sirup und Mandelkernen. Ich habe ein kleines elegantes Dessert daraus gemacht. Übrigens auch köstlich als Frühstück! Wunderbar cremig und hübsch anzusehen obendrein.

— Für die Garnierung vorab die Mandeln und die ungerösteten Pistazien in einer Schüssel mit heißem Wasser übergießen und einweichen.

— Die gerösteten Pistazienkerne mit den Rosenblütenblättern im Mörser fein zerstoßen.

— Für die Avocado-Crème die Avocados jeweils halbieren und den Kern entsorgen. Das Fruchtfleisch mit einem Löffel herauslösen und im Universalzerkleinerer (oder in einer Schüssel mit dem Stabmixer) mit etwas Puderzucker sowie der Vollmilch zu einer feinen Crème pürieren (nicht zu süß machen).

— Für den *Ashtah* den Mascarpone und den Ricotta in einer Schüssel vermischen.

— Für den Orangenblütensirup den Zucker mit 100 ml Wasser in einem Kochtopf bei geringer Temperatur zu einem Sirup (*Qatr* oder *Attar* genannt) einreduzieren. Mit etwas Orangenblütenwasser abschmecken.

— Die Avocado-Crème und den *Ashtah* abwechselnd in Gläser schichten und jede Schicht mit etwas Orangenblütensirup beträufeln (mit Avocado-Crème abschließen). Mit Pistazienpulver bestreuen. Die eingeweichten Mandel- und Pistazienkerne abgießen und darüber verteilen. Abschließend nochmals mit etwas Orangenblütensirup beträufeln und servieren.

Muhallabiyyeh ma' mrabbet wared w raspberry w lous

Milchpudding mit Rosen-Himbeer-Konfitüre und Mandeln

FÜR 4–6 PERSONEN

1 l Vollmilch

etwa 5 EL Zucker

6 EL Maisstärke

Orangenblütenwasser

Rosen-Himbeer-Konfitüre (siehe Seite 210)

1 Handvoll Mandelblättchen

Ein seidig glatter Pudding, der auf der Zunge zergeht. Kein Wunder, dass viele Beiruter *Muhallabiyyeh* sozusagen bereits mit der Flasche aufgesogen haben (siehe Seite 219). Dies ist die nahöstliche Schwester der *Panna cotta*, und ich kann nie genug davon bekommen. Das Rezept ist sehr einfach, aber Vorsicht: Wenn man zwischendurch immer wieder seinen Finger hineintunkt, um zu naschen, wird der Pudding nie richtig fest! Sehr lecker mit fruchtigem Kompott oder Rosen-Himbeer-Konfitüre. Ein paar Mandelblättchen als Deko sorgen für leichten Crunch.

— Die Vollmilch mit dem Zucker in einem Topf bei geringer Temperatur erhitzen und rühren, bis sich der Zucker aufgelöst hat.

— Die Maisstärke mit etwas kaltem Wasser in einer kleinen Schale aufrühren. Zur Vollmilch geben und bei mittlerer Temperatur unterrühren, bis die Mischung sprudelt. Die Temperatur auf niedrig senken und alles weiter rühren, bis die Mischung dickflüssig wird und beginnt, am Kochlöffel zu haften. Einen Spritzer Orangenblütenwasser hinzufügen und weiter rühren, bis die Mischung abgekühlt ist und eine puddingartige Konsistenz hat. Auf tiefe Dessertteller verteilen und 1–2 Stunden (oder länger) im Kühlschrank fest werden lassen.

— Die Mandelblättchen in einer Pfanne goldbraun anrösten, dann kurz abkühlen lassen.

— Jeweils 1 EL Rosen-Himbeer-Konfitüre auf die *Muhallabiyyeh* geben und alles mit den gerösteten Mandelblättchen bestreut servieren.

Mrabbet wared ma toot ahmar

Rosen-Himbeer-Konfitüre

ERGIBT 1 GROSSES EINWECKGLAS

250 g frische, duftende Bio-Rosenblütenblätter*

250 g Himbeeren

75–100 g Zucker

Saft von ½ Zitrone, frisch gepresst

** Falls keine frischen Bio-Rosenblütenblätter erhältlich sind, kann man auch getrocknete verwenden und diese mit selbst gemachter Himbeerkonfitüre und einem Spritzer natürlichen Rosenwasser vermischen.*

Ich kaufte zwei Kilo Rosenblütenblätter im Gewürzladen Café Garo in Bourj Hammoud, als die Rosensaison in voller Blüte stand. Und dann kochte ich gläserweise Rosen-Himbeer-Konfitüre ein, weil ich finde, dass Rosen und Himbeeren geradezu wie füreinander geschaffen sind. Danach hatte ich noch eine Menge Rosenblütenblätter übrig, die ich im Backofen trocknete und an Freunde verteilte. Was soll ich sagen … das Leben funktioniert auch ohne Rosenblütenblätter, aber mit ihnen macht es noch mehr Spaß.

— Die Rosenblütenblätter in einem Topf in einer Schicht Wasser einlegen, sodass sie etwas weich werden.

— Die Himbeeren, den Zucker und den Zitronensaft hinzufügen.

— Alles bei geringer Temperatur köcheln und dickflüssig werden lassen. Abschmecken, ob die Konfitüre süß genug ist, gegebenenfalls etwas zusätzlichen Zucker untermengen.

— In ein sterilisiertes Einweckglas füllen, verschließen und über Kopf abkühlen lassen. Fertig!

المنتج:
تاريخ الصنع:
انتهاء الصلاحية:
السعر:
الوزن

مدرسة السلام
ECOLE DE LA
mazda
M 163095

HAMRA, BLISS, RAS BEIRUT, CORNICHE & VERDUN

الحمراء ورأس بيروت والكورنيش

»... Beirut is the smell of the **sun, sea, smoke** and **lemons** ...«

– Mahmoud Darwish

Hamra
Bliss
Ras Beirut
Corniche
Verdun

Kapitel 7
Das schlagende Herz der Stadt

Eine Verkehrsader voller Restaurants

Wer sich in den Fünfziger- und Sechzigerjahren in Beirut unter Intellektuelle mischen wollte, war in Hamra an der richtigen Adresse. Die lange Hamra Street (die sich von Clemenceau bis Ras Beirut fast direkt am Meer erstreckt) und das gleichnamige Gebiet um sie herum, waren lange Zeit das liberale und kommerzielle Zentrum Beiruts. Ein Schmelztiegel unterschiedlicher Kulturen und Religionen, darunter Sunniten, Schiiten und Christen (es gibt übrigens nicht weniger als 18 anerkannte Religionen in diesem kleinen Land). Die Hamra von einst gibt es zwar nicht mehr, aber sie ist eine stets überlastete Verkehrsader voller Geschäfte und Restaurants. Ein Beiruter Distrikt, der immer noch voller Leben ist, manchmal allerdings ein wenig billig und kommerziell anmutet. Dennoch zeichnet sich eine vorsichtige Wiederbelebung mit neuen schönen Einkehrmöglichkeiten ab, wie dem Kalei Coffee, dem Café Tawlet mit dem dazugehörigen B&B, die die goldenen Tage der Fünfzigerjahre wieder aufleben lassen. Für viele Menschen ist die Hamra das echte Beirut.

Der Duft von Gardenien und Jasmin

Man geht um eine Ecke und, wie überall in Beirut, duftet es plötzlich nach Gardenien und Jasmin – aus dem Garten eines alten libanesischen Hauses. Eine stilvoll herausgeputzte ältere Dame geht vorbei. Es macht einfach glücklich, sie anzusehen, weil es schön ist, einen so in Würde gealterten Menschen zu sehen, mit so viel Glamour. Ein paar Töne Fairuz (die berühmte Sängerin) wehen zu einem herüber, und der würzige Geruch von Zatar steigt einem inmitten des ganzen Chaos und dem Gehupe der Autokorsos in die Nase. Fast parallel zur Hamra spaziert man weiter, in Richtung Bliss Street. Eine Straße, die an den wunderschönen Campus der American University of Beirut (AUB) grenzt, der voller Imbissbuden und Studenten ist. Eigentlich ein Jammer, dass diese grüne Lunge der Stadt nur einer kleinen Minderheit offensteht, die an dieser angesehenen Hochschule lehrt oder studiert. Außer man möchte das Museum der AUB besuchen, dann erhält man ebenfalls Zutritt und wird reich belohnt: Der grüne, parkähnliche Campus mit schöner alter und neuer Architektur erstreckt sich bis zum Meer.

Fischer an der Corniche

Die Corniche (ein französisches Wort für »Boulevard«) ist eine weitläufige Seepromenade und ein Wahrzeichen Beiruts. Es ist die einzige Öffnung, die Flucht nach draußen, in einem Land, dessen Grenzen öfter geschlossen sind als offen. Fast unvorstellbar, dass die Menschen früher mit dem Zug von Beirut nach Damaskus, Bagdad und sogar Teheran reisen konnten. Oder dass Beirut einst eine der ersten Städte mit modernem

Straßenbahnsystem war. Alle sehnen sich nach dieser Zeit. Als die Stadt noch Ruhe ausstrahlte und gut mit öffentlichen Verkehrsmitteln ausgestattet war, ohne das endlose Autochaos von heute. Die berühmte Promenade am Meer, die Corniche, ist so ziemlich der einzige Ort, an dem man heute in Beirut frische Seeluft atmen kann. Aber auch hier riecht man noch die Abgase der alten Autos und Mopeds, den süßlichen Rauch der *arguileh* (Wasserpfeifen), den Duft von frisch gebackenen *Ka'ak* (den ovalen Sesamfladen mit Zatar) oder von arabischem Kaffee, der von Straßenverkäufern ausgeschänkt wird. Es gibt immer etwas zu sehen: Fischer; harte Kerle, die im Sommer mit nacktem Oberkörper über Felsen klettern; Passanten auf dem Boulevard, Menschen unterschiedlichster Religion und Herkunft; luftig gekleidete Joggerinnen mit geschminkten Lippen und oder von Kopf bis Fuß verhüllte Frauen; Männer, die ihre durchgeschwitzten Muskeln kühlen, Radfahrer. Die Zahl Letzterer nimmt, *Alhamdulillah* (»Gott sei Dank«), immer mehr zu. Es scheint mittlerweile sogar Fahrradwege in der Stadt zu geben, was ich sehr begrüße. Es ist vielleicht die einzige Möglichkeit, Beirut vom Autochaos zu befreien. Ich denke, dass die Rikschas, die heutzutage in vielen Städten so beliebt sind, auch den schicken Libanesinnen gut gefallen könnten. Und *last but not least* sieht man auf der Corniche natürlich auch Familien mit Kindern und immer wieder Menschen, die essen oder trinken. Die 4,8 Kilometer lange Seepromenade bereitet allen Freude. Beirut wäre nicht Beirut ohne die Corniche.

Im Gespräch mit Jade George über die Esskultur des Nahen Ostens

The Carton

Ich habe mich mit Jade George verabredet, Chefredakteurin von The Carton, einer großartigen Zeitschrift bzw. einem Bookazine. The Carton sieht seine Aufgabe im Verfechten der Esskultur des Nahen Ostens. Auf authentisch-romantische Weise erzählt das Magazin seit seiner Gründung im Jahr 2011 kulinarische Geschichten, die verschiedene Köche, Lebensmittelhersteller und Produkte aus unterschiedlichen Ecken der arabischen Welt vorstellen. Erfrischend anders. Mit Themen wie Tahina, *Shawarma*, arabischem Kaffee ... oder den Erinnerungen und Porträts unterschiedlicher Menschen. »Ob Tag oder Nacht, sonnig oder wolkenverhangen, wir wollen den Nahen Osten anhand seiner Gerichte so gut und authentisch wie möglich dokumentieren«, formuliert es das Magazin selbst. Auch ich habe schon ein paar Mal mitgewirkt. Einmal im Rahmen eines Beitrags über Rosen in Beirut, mit Fotos, die ich zusammen mit meinem Freund Karim (siehe Seite 221) in einer alten Wohnung im Hamra-Viertel aufgenommen hatte, und einmal mit Nadia, mit der ich zuvor Bücher gemacht hatte, mit von arabischer Musik inspirierten Gerichten, fotografiert in Amsterdam. Jade und ich trinken libanesischen Wein im paradiesisch ruhigen Garten des Kalei Coffee in Ras Beirut, wo The Carton einen kleinen Laden hat, genau wie bei dem anderen Kalei in Geitawi (siehe Seite 110). Eine Art Co-Working-Projekt. Sie erzählt mir von ihrer Jugend in Beirut, in der das Essen eine große Rolle spielte.

Seihtücher aus ausrangierten T-Shirts

»Bis zu dem Moment, als wir mit The Carton anfingen, Erinnerungen zu dokumentieren, habe ich nie wirklich über meine eigene Beziehung zu Lebensmitteln nachgedacht. Dann wurde mir klar, dass viele meiner kulinarischen Erinnerungen auf meine Großmutter zurückgehen. Ich schreibe als Chefredakteurin selbst nicht viel für The Carton, aber ich habe über Salma, meine Großmutter, geschrieben. »*Ninneh, ninneh!*«, hatte ich ihr laut zugerufen, in der Babysprache. Das Wort, das libanesische Kinder für Essen verwenden. Ich meinte saftige Tomaten, die unter der Spüle in einer Schachtel hinter einem Vorhang versteckt waren. Sie gab mir eine dicke, saftige *Jabalieh*-Tomate (*Jabalieh* bedeutet »direkt vom Land«), die ich mit meinen beiden kleinen Händen ergriff, um hineinzubeißen. Ebenso lecker war ihr *Labneh*, den sie selbst aus Joghurt aus frischer Vollmilch herstellte, die sie direkt vom Bauernhof bekam. Stundenlang baumelte der Joghurt in einem Tuch (ein Stück Stoff von einem alten T-Shirt) über der Spüle, um abzutropfen. Später wurde er mit etwas Salz vermischt zu göttlichem *Labneh.*«

JADE GEORGE VON THE CARTON

KARIM GHAZZI IM TA MARBOUTA

Flaschenzüge an Balkonen

»Ich erinnere mich auch noch an Großmutters Balkon, mit Pflanzkübeln aus alten Vollmilchkartons. Ein dicht geflochtener Korb in Form eines Eimers mit einem Seil daran hing über der Brüstung. Damit wurden die Einkäufe aus dem *Dekenet* (Lebensmittelgeschäft) nach oben gehievt. Diese Art von Flaschenzug-Körben verschwindet aus dem Straßenbild, aber manchmal kann man sie noch sehen. Ich wohnte oft bei meiner Tante. Meine Eltern ließen sich scheiden, als wir Kinder noch klein waren, alle Ferien verbrachten wir bei meiner Tante. Sie kochte Milchpudding (*Muhallabiyyeh*), um ihn in die Flasche ihrer kleinen Tochter zu füllen. Als die *Muhallabiyyeh* abgekühlt war, entfernte sie die oberste, dick gewordene Schicht und gab sie mir: Was für ein intensiver Vollmilch-Geschmack«, sagt Jade.

Knoblauch, Zwiebeln und ein Schluck Arak

»Da ich einen Teil meiner Jugend in Abu Dhabi gelebt hatte, aß ich auch das Essen der Menschen, die in unserer Nachbarschaft lebten. Kenianer, Palästinenser, Senegalesen, Malier und Kanadier. Aber während der drei Sommermonate bei meiner Tante in Beirut habe ich zu Hause libanesisch gegessen. Das mochte ich am liebsten: *Kibbeh* mit Joghurt, *Warak enab* (gefüllte Weinblätter) und *Mujardara* (Linsen mit Reis und gebratenen Zwiebeln). Ich liebe den Geruch von Orangenblütenwasser, und den von Knoblauch und Zwiebeln, die zusammen gebraten werden: Wir nennen das *a3liye* (arabisch, ausgesprochen *aalijje*). Bei diesen Gerüchen läuft mir das Wasser im Munde zusammen! Ich erinnere mich auch an den Geruch von Arak. Als wir in den Libanon kamen, wurden mein kleiner Bruder und ich oft krank, wahrscheinlich wegen des Wassers. Mein Onkel hatte eine Lösung: Wenn wir ankamen, bekamen wir sofort etwas Arak. Es begann, als wir noch ganz klein waren, etwa fünf Jahre alt. Jeden Sommer wurde dieses Ritual wiederholt. Und es funktionierte!«

Kulinarische Traditionen

»Das Essen zu Hause in Beirut gibt es immer noch, aber die Rezepte und Traditionen werden nicht ausreichend weitergegeben. Produkte werden nicht mehr auf die gleiche Art und Weise angebaut und hergestellt. Die Generation meiner Eltern brachte die alten Rezepte den jungen Haushälterinnen bei. Weil man weder die Zeit noch das Gefühl dafür hatte, lange der Küche zu stehen. Aber es gibt Hoffnung: Junge Menschen wie ich machen sich diese Mühe. Es ist ein weltweites Phänomen: die Hipster-Kultur, die auf Qualität und Tradition setzt. Menschen wie ich, hochgebildet, verlassen den Libanon oft wegen all der Frustration über die Wirtschaft und die Regierung. Aber ich bleibe, und ich bleibe aus Überzeugung. Weil ich an den Libanon glaube. Mit The Carton dokumentieren wir unsere Ernährungstraditionen, bevor alle Großväter und Großmütter tot sind, sodass wir all diese Rezepte und Traditionen bewahren. Genau das sind die Rezepte, denen wir Aufmerksamkeit schenken.«

Zu Hause schmeckt es am besten

»Manche Gerichte muss ich einfach bei meiner Familie essen. Auch wenn ich mich genau an das Rezept halte, mache ich es nie so gut wie die ältere Generation: die Mütter und Großmütter. Warum ist dem so? Es geht um Zeit, denke ich. Beim Kochen geht es um Zeit und Aufmerksamkeit, das bestimmt den Geschmack. Meine Tante macht *Mujardara ashnoubieh* (Linsen mit Bulgur und gebratenen Zwiebeln) und dazu *laban* (Joghurt). Ich bekomme es einfach nicht so lecker hin. Keine Chance!«

All die guten Sachen kommen vom Land

»Obwohl ich in der Stadt lebe, mache ich jede Woche eine Wanderung in den Bergen. Ich möchte alle Winkel meines Landes kennenlernen. Das Essen in den Bergen ist fantastisch. Ich entdecke unbekannte Gerichte, mit Kräutern, die ich noch nicht kenne, und mit viel Tahina. Der Geruch von Tahina, ich liebe ihn. All die guten Sachen kommen vom Land: in der Stadt bekommt man das Gemüse, die Milchprodukte in den Bergen. Jeder in Beirut hat eine Verbindung dorthin. Viele Familien besitzen ein Wochenendhaus in den Bergen oder träumen zumindest davon. Im Rahmen meiner Arbeit als LebensMittel-Journalistin konzentriere ich mich immer stärker wieder mehr auf das Ländliche. Linsen mit Zitrone und Kartoffeln; die einfachen Gerichte. Es geht darum, das Wesen der Sache zu verstehen. Man braucht Salz? Dann auf nach Enfeh, wo das Meersalz des Libanon herkommt, anstatt in den Supermarkt.«

Fatayer um sieben Uhr morgens

»Wenn meine Großmutter sagte, dass die *nourriyyeh* (fahrende Händlerin) wieder mit frischem *humayda* (Sauerampfer) vorbeigekommen sei, und dass sie *Fatayer* (Gebäck mit Sumach und oft Spinat, oder eben Sauerampfer) backen würde, dann wusste ich, was ich zu tun hatte. »Wer rastet, rostet«, sagte sie. Das bedeutete, dass ich nach Damour fuhr (eine halbe Stunde außerhalb Beiruts), bevor ich um acht Uhr morgens in der Arbeit sein musste. Und so saß ich auf ihrem Balkon bei einer Tasse arabischem Kaffee und frisch gebackenem *Fatayer*, mit einer Füllung aus Sauerampfer, gebratenen Zwiebeln und Sumach. Ich würde alles dafür geben.«

Das letzte Glas Marmelade von Großmama

»Meine Großmutter Salma stellte selbst Marzipan her. Das hatte sie von den Nonnen gelernt. Speziell für mich packte sie Marzipankugeln in eine Schachtel und gab sie mir. Sie machte auch die köstlichsten Aprikosen- und Feigenkonfitüren. Kurz bevor sie starb, hatte sie gerade eine große Charge für uns hergestellt. So langsam haben wir noch nie ein Glas Marmelade geleert!«, sagt Jade lächelnd am Ende unseres Gesprächs.

Karims Hamra und Verdun

Von Kriegen diktiert

Karim Ghazzi wuchs in Verdun und Hamra auf, zwei benachbarten Vierteln in Westbeirut. Außerdem wohnte er als Kind auch in Damaskus. Er erzählt mir, warum das Essen in beiden Städten einander ähnelt, und inwieweit es sich doch voneinander unterscheidet: »Eigentlich wurde mein Leben von Kriegen bestimmt«, sagt Karim Ghazzi mit freundlichem Blick und strahlenden Augen. Karim ist wie ein Bruder für mich geworden, nachdem ich ihn auf einer Party unserer gemeinsamen Freundin Allyson kennengelernt hatte. Noch am selben Abend fuhren wir in seinem Smart durch die Nacht und sangen dabei lautstark das großartige Lied »Exilio« der Thievery Corporation mit. Wir drehten die Lautsprecher voll auf und kümmerten uns nicht darum, dass wir ein bisschen zu schnell fuhren – es war ein Gefühl absoluter Freiheit. Ein Moment, der uns für immer in Erinnerung bleiben sollte. Manchmal schicken wir uns gegenseitig dieses Lied über Whatsapp.

Kreativität und Unternehmergeist

Karim hat Ideen wie kein anderer (zum Beispiel dampfte er einmal tagelang eine dicke Schicht Filmplakate in einem alten Schaufenster in Hamra ab, das echte Perlen der Plakatkunst enthielt), und er lässt sich immer wieder neue Projekte einfallen. Ein Mann mit echtem Unternehmergeist. Wenn etwas nicht klappt, fängt er mit etwas anderem bei null an. Er kommt eigentlich aus dem Bankwesen, fühlt sich aber auch in der Kunstszene wie ein Fisch im Wasser und ist ein talentierter Restaurator. Außerdem serviert er mit seiner Catering-Firma Persian Cup bestes persisches Essen. Lange Zeit führte er das beliebte Beiruter Lokal Makan (siehe Seite 111), wo jeden Tag ein anderer Koch bestimmte Spezialitäten zubereitet. Karim ist einer der besten Gastgeber, die man sich vorstellen kann. Und sobald man seine Geschichte näher kennt, versteht man seine chamäleonartige Wandlungsfähigkeit.

Auf der Flucht

Karim wurde 1979, mitten im Krieg, im Beiruter Viertel Hamra, geboren. Als er sechs Jahre alt war, wurde die Situation zu viel für seine Eltern, die zur Hälfte syrisch und zur Hälfte libanesisch waren, und die Familie zog in das achthundert Jahre alte Haus der Familie in Damaskus, mitten im Souk der Stadt, in unmittelbarer Nähe der Umayyaden-Moschee. Dort blieb die Familie bis zum Ende des libanesischen Bürgerkriegs, um Anfang der Neunzigerjahre nach Beirut zurückzukehren, genauer gesagt nach Tallet el Khayat bei Verdun. Karim erzählte mir für dieses Buch zum ersten Mal ausführlich seine Geschichte:

Osmanischer Einfluss und Shawarma aus Damaskus

»Als ich 26 Jahre alt war und 2006 der Krieg mit Israel begann, floh ich zurück nach Damaskus. Ich bin es also gewöhnt, immer wieder bei null anzufangen«, lacht er leise, mit freundlichem Augenzwinkern. »Ich hatte eine gute Zeit dort. Meine Wohnung hatte sogar eine Dachterrasse mit einer Bar für Partys. Als 2012 der Krieg in Syrien ausbrach und meine Freunde und ich in Schwierigkeiten gerieten, zog ich wieder nach Beirut.« Karims Leben wechselt von Beirut nach Damaskus und von Damaskus nach Beirut, während der Krieg weitergeht.

Croissants und Cola

»Das Essen ist in beiden Städten weitgehend gleich, weil wir alle lange unter osmanischem Einfluss gelebt haben. Aber es gibt feine kleine Unterschiede, die in diesem Teil der Welt extrem wichtig sind. Ich vermisse immer noch das *Shawarma* von Damaskus, weil es – genau wie in der türkischen Version – diese spezifische Öligkeit darin gibt. In Beirut finde ich das *Shawarma* oft zu trocken. Wenn man einen Beiruter fragt, ob er jemals *tarhun* (Estragon) isst, sagt er: »Ja, in einer *Sauce béarnaise,* zu meinem Steak.« Aber jemand aus Damaskus isst Estragon in *Kibbeh labaniye* (Hackbällchen in einer Joghurtsauce) und in *Fattoush*, was in Beirut undenkbar wäre. In Damaskus gab es auch das Gericht *Laban immo*, eine Besonderheit, denn während die meisten Gerichte dort von Vertretern aller Religionen (Juden, Christen und Moslems) geteilt wurden, aßen dieses Gericht nur Christen und Muslime: Joghurt mit Ei, jeder Menge Zwiebeln und Lamm. Sozusagen das Gegenteil von *koscher*. Dasselbe Gericht wird in Beirut *Shakriyeh* genannt. Da ich beide Städte kenne, sehe ich diese Ähnlichkeiten«, sagt Karim.

»Im Vergleich zu Damaskus war Beirut viel mehr eine Metropole. Es gab mehr Handel über den Hafen, und Beirut war und ist immer noch offen für neue Ideen. Die Traditionen änderten sich hier also schneller. Noch dazu war ich als Kind in einer Zeit in Damaskus, als es unter sozialer, fast kommunistischer Herrschaft stand: Es gab keine Importe von außen, und Cola, ausländische Süßigkeiten und Schokolade waren verboten. Ich habe diese Produkte erst in Beirut kennengelernt, in einer weltoffenen Stadt, in der alles möglich war. Mit zwölf habe ich zum ersten Mal in Beirut ein Croissant gegessen: Wow!«

Molokhia und Joghurt

»Meine Mutter kaufte in Damaskus anders ein als in Beirut. Dort ging sie freitags in den Souk, wo sie frisches *Molokhia* (eine Art grünes Blattgewürz) kaufte, um es selbst zu trocknen. In Beirut kaufte sie bereits getrocknetes und im Netz verpacktes *Molokhia*. Ich erinnere mich auch an das erste Mal, als ich industriell hergestellten Joghurt in Beirut sah, in bedruckten Eimern. Ich kannte keinen derart verpackten Joghurt. In Damaskus wurde der Joghurt immer frisch in einem Glas an die Tür geliefert. Mit einer dicken Schicht Sahne obendrauf, die uns meine Mutter nie ganz aufessen ließ, um für meinen Vater etwas übrig zu lassen. In den letzten Jahrzehnten wuchs in Beirut, wie überall auf der Welt, die Liebe zu Sushi, Pizza, Pasta und Burgern. Mittlerweile sehnen wir uns wieder nach Tradition und schätzen unsere lokale Küche. Zum Glück, denn das ist das Essen, an das wir uns erinnern – an das ich mich erinnere«, lacht Karim.

KALEI COFFEE

RACHIDI SWEETS

ABU HASSAN

KELLAJ BEI RACHIDI

AL FALAMANKI

FURN ABU SHADI

Adressen

KALEI COFFEE – Das jüngste Kalei, ein Café und Restaurant in Ras Beirut, befindet sich in einem schönen alten Haus, das Dalia und Jade in seiner alten Pracht restauriert haben. Der Garten ist ein Traum der Ruhe, und in Kombination mit den Klängen aus der Moschee nebenan fast ein mystischer Ort. Hier verbringt man gerne mal einen ganzen Tag. Siehe auch Seite 110 das Kalei in Mar Mikhael.

—

Mansour Jurdak, Ras Beirut. kaleicoffee.com

SPORTING CLUB BEACH – Dieser Club war früher in Beirut wichtig, und er ist es heute noch. Er ist fest im kollektiven Gedächtnis der Stadt verankert. Seit seiner Eröffnung im Jahr 1953 ist der Sporting Club an der Küste von Ras Beirut/Manara ein Ort, an dem man es sich gut gehen lässt. Ein architektonisches Juwel, im Kontrast des Betons, der weißen und blauen klaren Linien der Schwimmbecken, umgeben vom Ozean. Der Club überlebte den Bürgerkrieg, den Krieg mit Israel, die ständige Meeresbrise und die sengende Sonne. Ob ältere Dame, Bodybuilder, Dienstmädchen oder Partygirl – sie alle sind hier. Der Club wird von jedermann geliebt. Auch von Kamal Mouzawak (siehe Seite 103), der mich zum ersten Mal dorthin brachte. Das war mein erster, aber sicherlich nicht mein letzter Sonnenuntergang im Sporting! Es ist eine große Freude: mit einem kühlen Arak und ein paar köstlichen *Mezze* auf dem Tisch (unbedingt probieren sollte man den großartigen *Viskibbeh*!). Der Sporting Club ist auch ein Favorit von Jade George (siehe Seite 217). Das Leben in Beirut von seiner besten Seite. Im Sommer werden hier oft Partys veranstaltet, wie etwa die Clubnächte von Decks On The Beach. Ich habe sie sehr genossen und empfehle sie jedem, der das Feiern liebt.

—

Corniche, Manara.

FURN ABU SHADI – Man muss wissen, dass es diese Bäckerei gibt, sonst geht man leicht an ihr vorbei. Bei Weitem nicht jeder kennt die Furn Abu Shadi, glücklicherweise aber Jade. Dank ihr komme nun auch ich in den Genuss, ofenfrisches *Man'ouche* aus der imposanten *saj* zu essen, belegt mit Spinat, Weißkäse und Tomate – unvergleichlich gut!

—

Najib Ardati Street, Ras Beirut, in der Nähe vom Kalei Coffee.

SNACK FAYSAL – Dieses Lokal befand sich einst im Erdgeschoss eines Gebäudes, das einem neuen Hochhaus weichen musste, aber Snack Faysal gibt es nun in gleicher Form an anderer Stelle. Das ist gut, denn das *Fatayer* hier ist köstlich!

—

Bliss Street, Ras Beirut.

THE CARTON – Alle Zeitschriften, die Jade bisher mit The Carton publiziert hat, stehen in ihren kleinen, schönen Geschäften in Kombi mit dem Kalei Coffee in Ras Beirut und dem Kalei Coffee in Geitawi zum Verkauf. Außerdem Arak und einige schöne Weine.

—

Beim Kalei Coffee, Mansour Jurdak, Ras Beirut. artandthensome.com

BEIT EL HAMRA – Das neueste Restaurant der Tawlet-Reihe (siehe auch Seite 110) ist das Tawlet el Hamra, ein Restaurant mit dem dazugehörigen B&B Beit el Hamra. Obwohl ich mit dem Wort »neuestes« vorsichtig sein muss, denn sobald dieses Buch gedruckt ist, hat Kamal Mouzawak wahrscheinlich schon ein weiteres neues Projekt in Vorbereitung, so wie ich ihn kenne (siehe Seite 103). Das Beit el Hamra ist in einer wunderschönen Villa aus den Fünfzigerjahren untergebracht, die durch die geschickten Hände von Kamal und seinem Team zu alter Hamra-Pracht restauriert wurde. Es gibt vier Gästezimmer und ein ganztägig geöffnetes Restaurant, vom Frühstück bis zum BBQ am Abend, mit romantischem, schönem Garten. Klassisch libanesisch und manchmal auch überraschend. Viel Spaß!

—

Baalbek Street (parallel zur Hamra Street), genau vor dem Commodore Hotel. tawlet.com

RAWDA CAFE UND THE SEA PALACE – Zwei Café-Restaurants am Meer, in die jeder kommt, eine Mischung von Menschen aller Religionen und Glaubensrichtungen. Das **Rawda** hat ein bisschen Patina angesetzt, aber das macht auch seinen Reiz aus, mit einem schönen maritim-tropischen Garten. **The Sea Palace,** neben dem

Manara-Leuchtturm, ist eine schöne Terrasse direkt am Wasser, wo die warme schmutzige Luft Beiruts einer frischen Meeresbrise weicht und man einen großartigen Blick über den Ozean genießt. Perfekt für ein Mittagessen. *Mezze* und frische Säfte.

—

Corniche, Manara.

CASABLANCA – Das Casablanca ist seit 1997 eine Institution in der Restaurant-Szene Beiruts, und dies zu Recht. Geführt von Johnny Farah (Schuh- sowie Taschendesigner und Bio-Koch) und seiner chinesischen Frau Cyn – ein Ort, an dem Mittelmeer auf Asien trifft, mit einem herrlichen Garten. Ich habe Johnnys anderes Restaurant, sas Lux, sehr geliebt, in dem seine mediterran-libanesische Herkunft noch deutlicher spürbar war, aber leider wurde es mittlerweile geschlossen. Das Casablanca befindet sich in einem schönen libanesischen weißen Haus mit (wie könnte es anders sein) Blick auf die Corniche und das Meer.

—

Dar el-Mreisseh, direkt hinter der Corniche.

AL FALAMANKI – Frühstück im Restaurant Al Falamanki in Raouche auf der Seepromenade Corniche lohnt sich vor allem, wenn man gegen neun oder zehn Uhr hingeht: Besser geht es nicht. Ein grandioser Blick auf die Pigeon Rocks, mit leckerstem *Man'ouche,* ultrafrisch und üppig. Siehe auch Seite 70 für die vollständige Geschichte.

—

Corniche, Pigeon Rocks, Raouche.

AMAL BOHSALI – Dies ist ein weiterer Klassiker unter den Beiruter Konditoreien, mit einem klassischen Angebot an *Baklawa*, köstlichen *Knefe* und großartigen Keksen. Man sollte unbedingt *Bohsalino* probieren. Eine Süßspeise aus gemahlenen Pistazien, gefüllt mit *Ashtah*. Göttlich!

—

Alfred Nobel Street, Hamra (auch Filialen in Koraytem und Jal el Dib). abohsali.com.lb

ABU HASSAN – Jades Favoriten werden von vielen geliebt: Abu Hassan ist ein klassischer Ort für Hummus, *Foul* und *Fatteh.* Dieses Restaurant in Ras Beirut kann fast als schick bezeichnet werden, mit einer schönen Terrasse (inklusive Sonnenschutz) inmitten eines beliebten Viertels. Abu Hassan ist berühmt für köstliches *Fatteh.* Auch die Eier mit *Sujuk* sind sehr lecker. In Bourj Hammoud gibt es auch ein Abu Hassan (siehe Seite 144).

—

Ecke Zaki Mazbouddi und Adonis, Ras Beirut.

FALAFEL TABBARAH – Gibt es seit fünfzig Jahren. Einigen zufolge die beste Falafel-Adresse in Beirut. Aber das hört man hier oft! Das Falafel-Sandwich ist köstlich und reichhaltig.

—

Tabari Street, Hamra.

TA MARBOUTA – Das Ta Marbouta liegt ein wenig versteckt nahe des Eingangs zum Hamra Square Center, einer Art Einkaufszentrum. Eigentlich ist das Ta Marbouta ein Studentenlokal, aber ein nettes Café-Restaurant für alle, mit einer großen Terrasse, auf der man frühstücken und Kaffee trinken kann. Mit einer authentischen, unverfälschten Hausmannskost wie *Mujardara, Tabouleh* und *Maltabal.*

—

Hamra Street, Hamra Square Center, Rasamny Center.

MEZYAN – Nicht weit vom Ta Marbouta entfernt liegt das Mezyan, wo libanesische, armenische, griechische und sogar marokkanische Gerichte auf der Speisekarte stehen. Eine Mischung zwischen einem Café und einem Restaurant mit Studenten/Alternativen als Publikum.

—

Hamra Street, Hamra Square Center, Rasamny Center.

ISTAMBOULI – In diesem Restaurant hat man den Eindruck, als befände man sich in einem Beirut vor dem Krieg. Es hat ein wunderschönes Interieur. Fairuz-Lieder laufen im Hintergrund, und man bekommt hier die frischeste Hähnchenleber vom Grill serviert, außerdem das leckerste *Kibbeh naye* (roher Tatar) und köstliche frische Salate sowie *Mezze*. Eine echte Perle.

—

Commodore Street, Hamra.

CHEIKHA – Das Cheikha ist einer jener Läden, in denen ich mich fast eingeschüchtert fühle. Ein echter Macho-Platz! Bei so viel Fleisch und schönen, schlanken Kebabspießen. Eine der beliebtesten Adressen für Gegrilltes (*Meshewe*) für die schmackhaftesten *Köfte*, Kebabs und *Shawarmas.* Favorit von Kamal, obwohl sein absolutes Lieblings-

Shawarma (mit viel *Toum*, also Knoblauch-Dip) das von Boubouffe ist (siehe unten).

—

Leon Street/Emile Eddé Street, Hamra.

BOUBOUFFE – Bei Boubouffe bekommt man nicht nur köstliches Kebab sondern auch leckerste libanesische Hausmannskost wie etwa *Mujardara, Koussa bi Laban* (gefüllte Zucchini mit Hackfleisch in Joghurtsauce), *Kibbeh, Fatteh* und so weiter. Das *Shawarma* ist Kamals Favorit.

—

Mar Mitr, Charles Malek Street, Achrafieh.

GOODIES – Ein Feinkost-Supermarkt, in dem man von libanesischen bis hin zu internationalen Lebensmitteln alles findet. Mit cremigem *Ashtah*, frischem Fisch, perfektem Fleisch, dem schönsten knackigen Gemüse, aber auch Gewürzen, Mandelkernen der Saison, Käse, Milchprodukten, Oliven, Trockenwaren und so weiter. Auch Fertiggerichte, sehr gute *Shawarma* zum Mitnehmen und ein Bistro zum Sitzen. Ein idealer Laden für Proviant, den man kurz vor dem Abflug für sich und alle anderen zu Hause einkauft.

—

Verdun Street, Verdun.

RACHIDI SWEETS – Die geliebten Rachidi-Bonbons, die man auch in Achrafieh findet, gibt es auch in Hamra. Ein echtes »Gourmet- Institut« für den cremigsten Perl-Couscous namens *Moghrabieh*, frischen Filo- und Kataifi-Teig und alle Arten von arabischen Süßspeisen. So etwa in der Ramandan-Zeit köstliche *Kellaj* (siehe Foto auf Seite 225), frittierte Teigpäckchen, gefüllt mit *Ashtah* und beträufelt mit *Attar* (Orangenblütensirup).

—

Emile Eddé, Leon Street, Hamra.

GOODIES

BEIT EL HAMRA

KALEI COFFEE

THE SEA PALACE

ABU SHADI

TABBARAH FALAFEL

SPORTING CLUB BEACH

Shawarma my way ma banadoura mjafaff

Fladenbrote mit mariniertem Lammfleisch, halbgetrockneten Tomaten, Minze, Toum, Tarator und Kabis

FÜR 4–6 PERSONEN

6 reife Romatomaten

6 Lorbeerblätter

2 TL gemahlener Zimt

Salz

Olivenöl

300 g Lammkeule, ohne Knochen, aber mit Fett

1–2 EL *Baharat**

2 EL Rotweinessig

1 EL Rotwein

2 Zweige frischer Rosmarin

1 Bund frische Minze

4–6 kleine, dünne Fladenbrote (fertig gekauft oder nach dem Rezept auf Seite 205 zubereitet)

Petersilien-*Tarator***, siehe Rezept auf Seite 232

Toum (Knoblauch-Dip)***, siehe Rezept auf Seite 232

Kabis, siehe Rezept auf Seite 59

** Hierfür 2 TL Zimt mit ½ TL Piment, 2 TL schwarzem Pfeffer, 1 TL weißem Pfeffer, 2 TL Kreuzkümmelpulver, 2 TL Kurkumapulver, den Samen aus 2 Kardamomkapseln, 1 TL Cayennepfeffer, 1 Prise Gewürznelken im Mörser zerstoßen.*

Shawarma ist natürlich ein echtes Streetfood, aber dennoch lohnt es sich, es selbst zuzubereiten. Ich mag es, wenn das Fleisch ein wenig Fett enthält, das macht es zart und saftig. Die gerösteten Tomaten in meiner Version sind ganz und gar nicht klassisch, aber in Kombination mit dem Zimt passt ihre leichte Süße wunderbar zu dem würzigen Fleisch. Eine regelrechte Geschmacksexplosion im Mund. Als ich dieses Sandwich zum ersten Mal Gästen servierte, war ich mit mir selbst sehr zufrieden. Vor allem, als ich sah, welche Wirkung die Wraps auf jeden hatten, der hineinbiss! Mein Tipp daher: ein *Shawarma*-Abend zu Hause.

— Den Backofen auf 80–100 °C vorheizen (Umluft).

— 8 Stunden vorab die Tomaten halbieren, auf ein mit Backpapier ausgelegtes Backblech legen und die Lorbeerblätter darüber zerkrümeln. Mit dem Zimt sowie etwas Salz bestreuen und mit etwas Olivenöl besprenkeln. 8 Stunden im Ofen sanft trocknen.

— Ebenfalls 8 Stunden vorab das Fleisch in Streifen schneiden, inklusive Fett, und in eine Schüssel geben. Das Fleisch mit dem *Baharat*, dem Essig, dem Rotwein, dem Rosmarin und etwas Salz vermengen. 8 Stunden (oder weniger, wenn es an Zeit mangelt) im Kühlschrank marinieren lassen.

— Kurz vor dem Servieren die Minzeblätter abzupfen.

— Einen Grill (oder eine Grillpfanne auf dem Herd) erhitzen. Das Fleisch aus der Marinade nehmen und 5–6 Minuten bei hoher Temperatur grillen. Dann kurz ruhen lassen.

— Jeweils 1 Fladenbrot vor sich auf der Arbeitsfläche ausbreiten, mittig ein paar Minzeblätter, ein paar getrocknete Tomaten sowie etwas Fleisch daraufgeben, mit etwas Petersilien-*Tarator* und *Toum* beträufeln (Teilrezepte siehe Seite 232), dann noch etwas eingelegtes Gemüse darauflegen. Wie Wraps zusammenrollen und genießen.

Fortsetzung auf nächster Seite.

** Für den *Petersilien-Tarator* 4 Stängel frische glatte Petersilie mit dem Stabmixer im Universalzerkleinerer mit 100 ml Wasser pürieren, dann in eine Schüssel geben und etwas Salz und 100 ml Tahina untermengen. Falls die Sauce zu dick wird, etwas mehr Wasser einarbeiten. Nochmals mit Salz abschmecken.

*** Für den *Toum*: 2 Knoblauchzehen im Universalzerkleinerer mit etwas Salz zu einer feineren Paste zerhäckseln. Den Saft von 1 großen Zitrone hinzufügen und alles zu einer leichten Sauce pürieren. Dann nach und nach (wie bei einer Mayonnaise) 300 ml Sonnenblumenöl in einem dünnen Strahl bei laufendem Motor hinzugießen, bis ein sämiger, weißer, glänzender Dip entstanden ist. Gefährlich lecker! In Beirut kann man auch nach seinem Genuss noch Kontakte knüpfen, aber anderswo besteht die Gefahr, dass man aufgrund der Knoblauchfahne von anderen gemieden wird. Es sei denn, die anderen essen mit. Also am besten eine größere Menge herstellen. Dieser Dip ist zu allem wahnsinnig lecker.

Shawarma samak ma tarator

Fladenbrote mit in Chiliöl gebratenem Fisch mit Sabah baharat, Joghurt und Petersilien-Tarator und Toum

Auf ähnliche Weise kann man auch Fisch-*Shawarma* herstellen.

400 g festes, weißfleischiges Fischfilet in Scheiben schneiden, in eine Schüssel geben und mit 1 EL *Sabah baharat* und etwas Salz vermengt im Kühlschrank durchziehen lassen.

In einer Pfanne mit etwas Öl und ein paar Chiliflocken ganz kurz anbraten bzw. auf den Punkt garen.

Die Fladenbrote wie auf Seite 231 beschrieben füllen, aber mit Joghurt beträufeln und die Minze durch Petersilie ersetzen. Nach Gusto den Petersilien-*Tarator* und *Toum* verwenden, ebenso das *Kabis*-Gemüse.

Horraq osbao

Linsen mit Riso-Nudeln, gebratenem Koriander, Zwiebeln, Granatapfelkernen und knusprigem Fladenbrot

FÜR 4–6 PERSONEN

350 g Puylinsen

100 g Riso-Nudeln

4 Zwiebeln

8 Zehen Knoblauch

Olivenöl

2 TL gemahlener Zimt

Salz

2 Bund frisches Koriandergrün

1 Fladenbrot (etwa 500 g)

2 EL Butter, zerlassen

1 EL gemahlener Kreuzkümmel

Saft von 1 Zitrone, frisch gepresst

Granatapfelsirup

Granatapfelkerne (optional)

Eigentlich kommt dieses Gericht aus Damaskus, aber weil es traditionell so viel Verkehr (wörtlich und im übertragenen Sinne) zwischen den beiden Städten gibt (siehe auch Kamals Erläuterungen auf Seite 104), ist dieses Gericht auch in Beirut beliebt. Es ist eine köstliche Kombination aus Linsen und Pasta (obwohl oft auch ohne Pasta hergestellt) mit frischem Koriander, Kreuzkümmel und Granatapfel. Wie immer beim Kochen wird man beim *Horraq osbao* umso reicher belohnt, je mehr Aufmerksamkeit man ihm widmet – man bekommt jede Menge Liebe zurück, in Form von Komplimenten der Gäste.

— Die Linsen in Wasser 30–45 Minuten in einem Topf garen. Sie sollten gar sein, aber nicht zerfallen. Die Riso-Nudeln 10 Minuten vor Ende der Garzeit hinzufügen.

— Die Zwiebeln halbieren und in Ringe schneiden, 4 der Knoblauchzehen fein hacken. Einen Schuss Olivenöl in einer Pfanne erhitzen und die Zwiebelringe sowie den gehackten Knoblauch bei geringer bis mittlerer Temperatur anschwitzen, bis sie schön hell goldbraun sind. Mit Zimt bestreuen und mit Salz abschmecken. Beiseitestellen.

— Das Koriandergrün mit den restlichen 4 Zehen Knoblauch fein hacken. In etwas Öl in einer Pfanne 5–8 Minuten anbraten. Beiseitestellen.

— Das Fladenbrot in sehr dünne Streifen schneiden und in einer Auflaufform mit der flüssigen Butter und etwas Salz vermischen. Unter dem Grill (oder bei 220 °C, Ober-/Unterhitze) im Ofen goldbraun rösten.

— Die Linsen-Nudel-Mischung mit der Hälfte der gebratenen Knoblauch-Zwiebeln und dem Kreuzkümmelpulver, Zitronensaft sowie etwas Granatapfelsirup vermischen. In eine Servierschüssel geben, den gebratenen Koriander-Knoblauch und die restlichen Knoblauch-Zwiebeln darauf verteilen, das knusprige Brot darüber. Optional mit Granatapfelkernen bestreut servieren.

Mujardara

Linsen mit Reis und gerösteten Zwiebeln

FÜR 4–6 PERSONEN

7 Zwiebeln

Olivenöl

400 g braune Linsen oder Puylinsen

Salz

1 Zimtstange

2 Kardamomkapseln

200 g Langkornreis oder Bulgur*

½ EL Maisstärke

½ EL Sumach

Joghurt

** Was man hierbei im Libanon verwendet, hängt davon ab, woher die Familie stammt. Das gilt für mich natürlich nicht und mir gefällt die Version mit Reis am besten.*

Oh, *Mujardara* oder *Mudardara*, was soll ich dazu sagen? Dieses Gericht ist süchtig machend lecker und ein Beweis dafür, dass man auch mit wenig hervorragend kochen kann. Ein Armeleute-Essen mit so viel Kraft und Geschmack, aber mit nur sehr wenigen, bescheidenen Zutaten. Echte Hausmannskost, die man in Beirut aber auch auf vielen Speisekarten findet. Ich koche den Reis gerne mit einer Stange Zimt und einer Kardamomkapsel zusammen, was für besonders aromatischen Geruch und Geschmack sorgt. Und die Röstzwiebeln – huh! Man verwöhnt sie, schenkt ihnen Liebe, massiert sie sozusagen mit dem Kochlöffel, bis sie die Aufmerksamkeit erwidern, indem sie wunderschön goldbraun karamellisieren, um die *Mujardara* auf ein ganz besonderes Niveau zu heben. Dies ist eines jener Gerichte, die umso besser gelingen, je öfter man sie zubereitet. Es ist außerdem uralt, angeblich aß man es schon im 13. Jahrhundert. Der Name? Prinzipiell ist *Mujardara* oder *Mjardara* die pürierte Version, die *Mudardara* verwendet ganze Reiskörner und Linsen. In Beirut ist es das Essen, das Mütter oder Großmütter für einen zubereiten.

— 2 der Zwiebeln halbieren und in Ringe schneiden. Etwas Olivenöl in einer Pfanne erhitzen und die Zwiebelringe bei geringer bis mittlerer Temperatur unter gelegentlichem Rühren anschwitzen, bis sie hell goldbraun sind.

— Die Linsen in einem Topf in reichlich gesalzenem Wasser etwa 20 Minuten köcheln lassen. Die angeschwitzten Zwiebeln, die Zimtstange, die Kardamomkapseln und den Reis (oder den Bulgur, diesen aber erst kurz vor Ende der Garzeit hinzufügen) und bei Bedarf noch etwas Wasser untermengen (alles sollte etwa eine Fingerkuppe hoch mit Flüssigkeit bedeckt sein). Zum Kochen bringen, dann bei geringer Temperatur in 15 Minuten sanft garen.

— Nun auch die restlichen Zwiebeln halbieren und in Ringe schneiden. Mit der Maisstärke vermischen und mit einem großzügigen Spritzer Olivenöl in der Pfanne goldbraun und knusprig anbraten. Dies erfordert viel Aufmerksamkeit und liebevolle Zuwendung!

— Die Röstzwiebeln auf der *Mujardara* verteilen.

— Den Sumach und den Joghurt in einer kleinen Schale vermengen und als Sauce separat servieren.

Kebab ma karaz, hél, toot, wared w caju

Lammhack-Bällchen mit Kardamom, Sauerkirschen, Maulbeeren, Rosenblüten und Cashewkernen

FÜR 4 PERSONEN

Samen von 8 Kardamomkapseln

4 schwarze Pfefferkörner

2 EL getrocknete Bio-Rosenblütenblätter

1 TL gemahlener Kreuzkümmel

grobes Salz

600 g Lammhackfleisch (inklusive Fett), sehr fein gewolft

200 g frische Kirschen, entsteint (alternativ 1 Glas Sauerkirschkonfitüre)

200 g frische Maulbeeren oder Brombeeren

2–3 EL Zucker (optional)

Saft von 1 Zitrone, frisch gepresst

50 g Cashewkerne

50 g Pistazienkerne

Am liebsten bereite ich dieses klassische Gericht (auf armenisch auch *Fishna-Kebab* genannt und ursprünglich aus Aleppo stammend) mit frischen Früchten zu. Knackige Kirschen, Maulbeeren oder sogar Brombeeren machen es wirklich großartig: frisch und säuerlich süß. Außerhalb der Saison funktioniert auch ein Glas mit Sauerkirschkonfitüre, wie man es in türkischen oder nahöstlichen Geschäften finden kann, sehr gut. Vielleicht mit etwas Wasser, Zitronensaft und einigen frischen Brombeeren verrührt. Die Kombination von Kardamom und Rosenblütenblättern ist mein persönliches Extra, ändert aber nicht das Grundkonzept des Gerichtes. Es verleiht ihm genau den ultimativen Kick, den ich liebe. Das Hackfleisch sollte sehr fein sein, daher den Metzger bitten, es einige Male durch den Fleischwolf zu drehen, oder es portionsweise selbst mit der Küchenmaschine (Wolfaufsatz) bearbeiten.

— Die Kardamomsamen (ohne die Hülsen) mit dem schwarzen Pfeffer, 1 EL der Rosenblütenblätter, dem Kreuzkümmel und etwas grobem Salz im Mörser zerstoßen. In einer Schüssel sorgfältig mit dem Lammhackfleisch vermischen. Das gewürzte Hackfleisch (im Kühlschrank) eine Weile durchziehen lassen, damit sich die Aromen gut entfalten können.

— Den Backofen auf 225 °C vorheizen (Ober-/Unterhitze).

— Das Hackfleisch mit angefeuchteten Händen portionsweise zu schönen, ovalen Bällchen formen. Nebeneinander in eine Auflaufform legen. Die Bällchen im vorgeheizten Backofen 15 Minuten goldbraun backen. Dann die Ofentemperatur auf 160 °C senken.

— Während die Kebabs backen, die frischen Kirschen (oder die Kirschkonfitüre) zusammen mit den Maulbeeren oder Brombeeren in einem Topf mit dem Zucker sowie dem Zitronensaft vermischen und in 5–10 Minuten zu einem groben Kompott einköcheln.

— Das Kompott über die gebackenen Bällchen in der Form löffeln und die Cashew- und Pistazienkerne darauf verteilen. Weitere 10 Minuten im Backofen backen. Herausnehmen und mit den restlichen Rosenblütenblättern bestreut servieren.

Mekleyet kafta w batata

Lamm-Köfte mit Kartoffelspalten, Tomaten und Granatapfelsirup

FÜR 4 PERSONEN

1 Bund frische glatte Petersilie

3 Zwiebeln

2 Zehen Knoblauch

1 TL *Sabah baharat**

1 TL gemahlener Zimt

1 EL milde Paprikapaste (*Tatli biber*)

Salz

400 g Lammhackfleisch, sehr fein gewolft

2–3 große Kartoffeln

2–3 reife, aromatische Tomaten

2 EL Tomatenmark

Saft von 1 Zitrone, frisch gepresst

Granatapfelsirup

Olivenöl

** Um die Mischung selbst herzustellen, zu gleichen Teilen Piment, Zimt, schwarzen und weißen Pfeffer, Muskat, Gewürznelken, Ingwer und/oder Kardamom und Koriander im Mörser zerstoßen.*

Als im Tawlet el Hamra der erste Verkostungsabend stattfand, an dem ich mit einigen weiteren Gästen teilnehmen durfte, war dies eines der Gerichte, die mir besonders gut schmeckten, und dies, obwohl es es überaus simpel ist. Kamal (siehe Seite 103) und ich teilen die gleiche Liebe für einfaches Essen mit viel Geschmack. Es ist eine ideale Mahlzeit für unter der Woche, und ich finde sie immer wieder köstlich. Kein Wunder, angesichts der leckeren Country-Potatoes, für die ich große, gelbe mediterrane Kartoffeln verwende, wenn ich sie bekommen kann. Das Lammhack sollte sehr fein bzw. dreimal durchgewolft sein.

— Die Petersilie, 1 der Zwiebeln und den Knoblauch grob hacken. Zusammen mit dem *Sabah baharat*, dem Zimt, der Paprikapaste und etwas Salz im Universalzerkleinerer fein zerhäckseln. In einer Schüssel sorgfältig mit dem Lammhackfleisch vermengen und alles (im Kühlschrank) eine Weile durchziehen lassen, damit sich die Aromen gut entfalten können.

— Währenddessen die Kartoffeln schälen und in 1 cm dicke Spalten schneiden. 10 Minuten in einem Topf in gesalzenem Wasser garen, dann durch ein Sieb abgießen und gut ausdampfen lassen.

— Den Backofen auf 180 °C vorheizen (Ober-/Unterhitze).

— Die Tomaten und den Rest der Zwiebeln in dicke Scheiben/Ringe schneiden.

— Aus dem Hackfleisch mit angefeuchteten Händen kleine, ovale *Köfte* formen und diese, zusammen mit den Tomaten und den Zwiebeln, kreisförmig in eine runde Auflaufform schichten. Das Tomatenmark in einer Schale mit dem Zitronensaft, einem Spritzer Granatapfelsirup, etwas Salz sowie einem Spritzer Wasser verrühren und über die *Köfte* und das Gemüse in der Form träufeln. Etwas Olivenöl darüber sprenkeln. In 30–35 Minuten goldbraun im Backofen backen und dann servieren.

Makhlouta

Graupenrisotto mit Bohnen und Kichererbsen

FÜR 4 PERSONEN

50 g getrocknete rote Kidneybohnenkerne

50 g getrocknete kleine weiße Bohnenkerne

50 g getrocknete Kichererbsen

50 g andere getrocknete Bohnenkerne (wie etwa Borlotti, aber keine Saubohnen)

6 Zwiebeln

Olivenöl

Salz

50 g Graupen (Kochgerste)

gemahlener Zimt

hochwertiges, kalt gepresstes Olivenöl

** In einem Schnellkochtopf geht das viel zügiger. Ich habe kürzlich einen gekauft und bin sehr zufrieden damit. Ich kann jetzt im Handumdrehen alle möglichen Hülsenfrüchte und Eintöpfe zubereiten.*

Dieses Rezept symbolisiert die Verbindung zwischen *jabal* (arabisch »Gebirge«) und Stadt. *Makhlouta* – was auf Arabisch »gemischt« bedeutet – wurde von Oum Alis *Makhlouta* inspiriert. Oum Ali ist einer von Tawlets Chefköchen und berühmt für sein köstliches *Saj*-Fladenbrot auf dem Souk el Tayeb und sein eigenes Lokal in Gemmayzeh. Es ist einfache Bauernkost, die mich jedes Mal aufs Neue ins Staunen bringt: Wie kann etwas so Einfaches so köstlich sein? Die wichtigste Zutat einer gelungenen *Makhlouta* ist natürlich die Liebe, mit der sie zubereitet wird.

— Die Hülsenfrüchte vorab über Nacht in einem Topf in Wasser einweichen.

— Die Zwiebeln halbieren und in Ringe schneiden. Etwa die Hälfte davon mit einem großzügigen Spritzer Olivenöl in einer großen Pfanne bei geringer Temperatur 15 Minuten glasig anschwitzen, bis sie weich sind.

— Die Hülsenfrüchte durch ein Sieb abtropfen lassen und zu den gebratenen Zwiebeln geben. Mit so viel Wasser aufgießen, dass alles vollständig bedeckt ist. Nach Geschmack Salz hinzufügen und die Hülsenfrüchte etwa 45 Minuten bis 1 Stunde garen, bis sie weich* sind. Nach 20–30 Minuten der Garzeit die Graupen hinzufügen. Die Mischung sollte wie ein Risotto suppig sein, daher gegebenenfalls ab und zu etwas mehr Wasser untermengen.

— In der Zwischenzeit die restlichen Zwiebelringe mit einem großzügigen Schuss Olivenöl in einer Pfanne goldbraun anrösten, dann mit Salz und Zimt abschmecken.

— Die *Makhlouta* auf Teller verteilen und mit etwas kalt gepresstem Olivenöl besprenkeln, dann die Röstzwiebeln darauf verteilen. Das ist nicht klassisch (ich glaube nicht, dass Oum Ali das tun würde), aber lecker.

— Traditionell isst man dazu einen einfachen Krautsalat: sehr fein gehackten Kohl mit etwas Salz, Zitronensaft und Olivenöl abgeschmeckt. Siehe auch das Rezept auf Seite 119.

Molokhia à la Suzy

Blattgemüse mit Koriander, Hähnchenfleisch, Reis und Fladenbrot nach Suzys Art, der Mutter von Tamar und Nathalie

FÜR 4–6 PERSONEN

8 Hähnchenschenkel

2 Lorbeerblätter

1 Stück Bio-Zitronenschale

200 g hochwertiger Langkornreis

Salz

2 EL Butter

1 Zwiebel

hochwertiger Rotweinessig (oder anderer guter Weinessig)

1 dünnes arabisches Fladenbrot (*Papadam*)

Olivenöl

1 kleine Knolle Knoblauch

3 Bund frisches Koriandergrün

Saft von 4 Zitronen, frisch gepresst

1 großer Bund frische *Molokhia* (oder anderes Blattgemüse wie wilder oder türkischer Spinat), grob gehackt

** Vom wilden Spinat die harten Teile entfernen.*

***Molokhia* ist ein herb riechendes Blattgemüse, das von vielen geliebt wird – aber auch seine Tücken hat, denn wenn man es zu lange kocht, wird es schleimig. Mit diesem Rezept braucht man sich diesbezüglich keine Sorgen zu machen. Ultimative Komfortkost, die in vielen Häusern in Beirut auf den Tisch kommt. Frische *Molokhia* ist hierzulande (noch) nicht leicht zu finden, nur getrocknet in Schachteln im Nahost-Supermarkt. Aber wilder oder türkischer Spinat ist ein super Ersatz. Die Kombination der Aromen macht dieses Gericht so lecker – und natürlich die Liebe bei der Zubereitung, wie Suzy, die Mutter von Tamar und Nathalie es vormacht. Also folgen wir ihren Anweisungen!**

— Die Hähnchenschenkel mit dem Lorbeer, der Zitronenschale und 1 l Wasser in einen Topf geben und kurz aufkochen lassen. Bei mittlerer Temperatur 45 Minuten köcheln lassen.

— Währenddessen den Reis in einem Topf mit so viel gesalzenem Wasser aufgießen, dass er eine Fingerkuppe hoch bedeckt ist. Den Deckel auflegen und alles kurz aufkochen lassen. Die Temperatur reduzieren und den Reis in 15–18 Minuten garen. Die Butter untermengen.

— Die Zwiebel sehr fein würfeln und mit einem großzügigen Schuss Essig in einer Schale mischen. Als Dressing durchziehen lassen.

— Das Fladenbrot in Stücke brechen und in einer Auflaufform mit etwas Olivenöl und Salz vermischen. Unter dem Grill des Backofens knusprig und goldbraun rösten.

— Den Knoblauch im Mörser mit etwas Salz fein zerdrücken, dann mit einem Schuss Olivenöl bei geringer Temperatur in einer Pfanne anbraten. Das Koriandergrün fein hacken und 1–2 Minuten mitanbraten.

— Die Hähnchenschenkel aus der Brühe heben und warm halten. Die Brühe durch ein Sieb in einen anderen Topf umgießen und mit zwei Dritteln der Knoblauch-Koriander-Mischung kurz aufkochen. Mit dem Zitronensaft abschmecken, dann das Blattgemüse untermengen und bei geringer Temperatur in etwa 5 Minuten garen, dann mit Salz abschmecken.

— Den Reis auf Teller verteilen. Das Blattgemüse und das abgelöste Hähnchenfleisch darauf anrichten. Den Rest der Koriander-Knoblauch-Mischung darauf verteilen und alles mit dem Zwiebel-Essig-Dressing beträufeln. Mit dem knusprigen Fladenbrot garniert servieren.

Frikeh ma djej my way

Freekeh mit Hähnchenschenkeln, Ofentomaten, Mandeln, Pinienkernen und Zitronen-Joghurt

FÜR 4 PERSONEN

4 Hähnchenschenkel

Salz

2–3 EL *Baharat**

4 reife Tomaten

1 EL getrocknete Minze, zerkrümelt

1–2 EL flüssiger Honig

5 Zwiebeln

Olivenöl

200 g *Freekeh* (Getreideprodukt aus unreif geerntetem und über offenem Feuer getrocknetem Hartweizen, vorzugsweise Vollkorn)

500 ml Hühnerbrühe**

50 g Mandelkerne

50 g Pinienkerne

150 ml Naturjoghurt

Schale von 1 Bio-Zitrone, fein abgerieben

** Hierfür 1 TL Piment, 2 EL Bio-Rosenblütenblätter, 2 TL Zimt, ½ EL Kurkuma, 1 El Kreuzkümmelsamen und etwas schwarzen Pfeffer im Mörser zerstoßen.*

*** Für selbst gemachte Brühe 2 Hähnchenschenkel in Wasser mit 1 Stange Zimt, einigen Kardamomkapseln, 1 Lorbeerblatt, 1 Stück Bio-Zitronenschale und 2 halbierten Zwiebeln (inklusive Schale) bei geringer Temperatur 30 Minuten (im Optimalfall 2–3 Stunden) sanft köcheln lassen.*

Aufgrund des *Baharat* (Gewürzmischung mit Piment, Zimt, Kreuzkümmel, Rosenblüten und schwarzem Pfeffer), das ich für die Hähnchenschenkel verwendet habe, wird dieses klassische libanesische Alltagsgericht, wie ich find,e zu einem echten Festessen. Es gibt einfach mehr Geschmack, und die gerösteten Tomaten bilden ein köstliches, leicht süßes Gegenstück zu dem würzigen Hühnerfleisch, dem nussigen, leicht rauchigen Geschmack des *Freekeh* und den goldbraunen Röstzwiebeln. Es lohnt sich, dafür selbst eine Hühnerbrühe anzusetzen. Jedes Mal, wenn ich Hähnchen zubereite, koche ich die Karkassen in einem Topf mit Wasser, einigen Gewürzen und Salz aus und friere die hausgemachte Brühe ein. Alternativ kann man in gerade mal 30 Minuten auch auf die Schnelle eine schöne Brühe zaubern.

— Die Hähnchenschenkel mit etwas Salz und dem *Baharat* einreiben, in eine Auflaufform legen und eine Weile im Kühlschrank marinieren lassen (ein paar Stunden sind perfekt).

— Den Backofen auf 160 °C vorheizen. Die Tomaten halbieren und auf einem mit Backpapier ausgelegten Blech verteilen, mit Minze bestreuen und mit dem Honig beträufeln. Im Backofen 1 Stunde lang rösten.

— 2 der Zwiebeln halbieren und in Ringe schneiden, dann mit einem Schuss Olivenöl in einer Pfanne anschwitzen. Die Hähnchenschenkel samt dem *Baharat* hinzufügen und bei mittlerer Temperatur rundum anbraten. *Freekeh* sowie Hühnerbrühe dazugeben und alles mit so viel Wasser aufgießen, dass fast alles bedeckt ist. 20–25 Minuten köcheln.

— In der Zwischenzeit in einer Pfanne die Mandel- und Pinienkerne in etwas Öl goldbraun anbraten, herausheben und beiseitestellen.

— Die restlichen Zwiebeln halbieren, in Ringe schneiden und in etwa 15 Minuten goldbraun in der Pfanne anbraten. Dann unter das *Freekeh* mengen.

— Den Joghurt in einer Schale mit dem Zitronenabrieb vermischen.

— *Freekeh* und Hähnchenschenkel auf einer großen Servierplatte anrichten und die Ofentomaten darauf verteilen. Mit den gebratenen Mandel- und Pinienkernen bestreuen. Den Zitronen-Joghurt separat dazu reichen.

HALA HALABI IM AL HALABI

ANDERE TEILE DER STADT

بقية المدينة

Es ist interessant, auch einmal weniger bekannte **Vororte** der Stadt zu erkunden. In Vierteln, die auf den ersten Blick wenig Charme haben, finden sich wahre Perlen. So etwa **Ouzville**, ein Projekt, das **Ouzai**, ein etwas heruntergekommenes Stadtviertel am Meer, mit Farbe und **Street Art** wieder schön und attraktiv macht.

Tarek el Jdideh
Ras el Nabaa
Haret Hreik
Ain el Remmeneh
Furn el Chebbak
Daoura
Bourj al
Barajzneh
Antelias

Kapitel 8
Abseits der ausgetretenen Pfade

Es gibt noch andere Gegenden der Stadt. Touristisch kaum erschlossene Nachbarschaften und andere Welten, die niemals alle in dieses Buch passen. Bewohnt von Menschen unterschiedlichster Couleur. Wohngegenden, Armenviertel, Palästinenserlager und das Viertel Haret Hreik, in dem die Hisbollah das Sagen hat und in das man nicht einfach so hineinspaziert, um etwas zu essen (jedenfalls nicht als Tourist mit der Kamera!). Aber auch dort gibt es immer noch eine Menge Leckeres – eine gute Idee für ein Nachfolgebuch.

Mit Respekt und Bedacht

Ich traf einmal einen Niederländer, der auf dem Rückweg von seiner Weltreise Beirut besuchte. Da er nur für zwei Tage vor Ort war, beschloss er, durch die ganze Stadt zu laufen. Ich meine das wörtlich: Er spazierte direkt vom Flughafen in die Innenstadt! *Ma'oule?!* (»unglaublich!«), wie ein durchschnittlicher Libanese dies kommentieren würde, der meist alle Strecken mit dem Auto fährt. Besagter Weltenbummler ging zu Fuß durch den Haret Hreik (den Schiitenbezirk, in dem die Hisbollah herrscht), und ja, er musste den Sicherheitskräften seine Kamera zeigen, und es wurden ihm Fragen gestellt. Gut zu wissen. Jeder in dieser Stadt lebt in seiner eigenen Blase.

Ein Stadtbummel der besonderen Art

Wenn man von Sodeco aus in Richtung Süden läuft, gelangt man in touristisch unbekanntere Stadtviertel. Es geht über Ras el Nabaa nach Tarek el Jdideh, einer der am dichtesten besiedelten, meist sunnitisch geprägten Gegenden der Stadt. Diese Viertel wird man als Tourist wohl nicht so schnell aufsuchen, wenn man nicht gezielt nach den Adressen in diesem Kapitel sucht. Die Lokale und Läden sind auf jeden Fall einen Ausflug wert, und man kann noch weitere nette, kleine, ganz besondere »Hole-in-the-Wall«-Orte entdecken, an denen Einheimische etwas wirklich Leckeres zubereiten – das ist es, was diese Stadt und diese Viertel ausmacht. Manche Orte sind leicht zugänglich und gut zu finden, andere liegen ziemlich versteckt. Also etwas für echte Abenteurer und eine Gelegenheit, seine Wanderstiefel zu schnüren (die neugierigen Blicke der Autofahrer kann man ja ignorieren) und in Richtung Süden zu spazieren, sich dabei aber leicht östlich zu halten, um nicht versehentlich in Haret Hreik (alias Dahiyeh – der andere Name für das Hisbollah-Viertel) zu landen. Dann kann man sicher sein, Beiruts wahres Gesicht kennenzulernen. Wenn also jemand auf etwas Besonderes stößt: Ich bin immer dankbar für Tipps!

KA'AK MIT KUNEFA IM NIMR AL WADI

MEZZE IM AL HALABI

Wohngegenden und Wanderarbeiter

Ain el Remmeneh und Furn el Chebbak sind beliebte, hauptsächlich griechisch-orthodox geprägte Wohnviertel, in denen man authentische Imbisslokale und -stände findet. Daoura ist neben Bourj Hammoud das einzig wirklich multikulturelle Viertel der Stadt – kombiniert mit dem Verkehrschaos des Busbahnhofs am gleichnamigen Kreisverkehr, wo man in den dahinter liegenden Straßen interessante Dinge entdecken kann. Insbesondere Läden und Lokale unterschiedlichster Menschen aus Sri Lanka, den Philippinen und Äthiopien. Eine neue Form von Esskultur in Beirut.

Palästinensische Esskultur in Beirut

Palästinensische Lokale sind praktisch nicht existent in der Stadt, weil Palästinenser hier im Grunde genommen als Einwohner zweiter Klasse ohne Bürgerrechte fungieren. Daher gibt es fast keine Orte, an denen man tatsächlich palestinensische Küche probieren könnte. Eine mutige Frau, Mariam Shaar, versucht, dies mit ihrem Foodtruck »Soufra« (siehe Seite gegenüber) zu ändern.

Zwischen den Lagern

Ohne politisch werden zu wollen, ist es klar, dass die Palästinenser, und inzwischen auch die Syrer*, im Besonderen »zwischen den Stühlen sitzen«. Das trifft auch auf Beirut zu. Drei große Lager haben sich mittlerweile zu regelrechten Stadtteilen entwickelt: Bourj al Barajzneh, Shabra und Shatila. Gegenden, in denen zehnmal so viele Menschen leben, wie es auf den Quadratkilometer gesehen eigentlich denkbar wäre. Zu stickige Luft, zu viele Stromkabel. Kurz gesagt, zu viele Leute auf zu wenig Raum. Dies sind keine Stadtteile, die man einfach so besucht. Man sollte sich nur im Rahmen einer beruflichen Mission dorthin begeben, zusammen mit einer NGO*. So jedenfalls bin ich

** Die palästinensischen Syrer haben doppeltes Pech, sie sind nach Syrien geflohen und jetzt erneut.*

Plastiktische und Gaskocher

dorthin gelangt. 2012–2013 kochte ich regelmäßig in Lagern innerhalb und außerhalb Beiruts, in Zusammenarbeit mit kleinen oder größeren NGOs wie War Child, und auch im Rahmen des Souk el Tayeb. Wir organisierten die Veranstaltungen als eine aufmunternde Aktivität für Frauen und Kinder, die in den Lagern nicht viel Platz zur Verfügung haben, von Spaß gar nicht zu reden. Manchmal war es ein Workshop, ein Kurs, um Laien beizubringen, wie man Catering-Unternehmen führt, manchmal kochten wir für einen Teil des Lagers gemeinsam ein großes, festliches Abendessen. Ich spreche dabei vom Kochen in kleinen Räumen, oft nur mit einem Plastiktisch, etwas losem Besteck und einer Pfanne über einem Gaskocher. Aber für authentisches Essen braucht man keine Luxusausstattung. Der Empfang und das gemeinsame Kochen waren immer herzerwärmend und gemütlich. Ich habe so viel Mut, Optimismus und Durchhaltevermögen dort erlebt.

Mariam und ihr Foodtruck »Soufra«

In Bourj al Barajzneh begegnete ich Mariam Shaar. Eine temperamentvolle Palästinenserin, die mit ihrer NGO* die Situation der Frauen vor Ort und auch ihre eigene verbessert. Mit Freude, aber manchmal auch mit Bitterkeit. Mit einer tollen Hand fürs Kochen, großem Elan und viel Durchhaltevermögen. Wir kamen ins Gespräch und träumten von einem Gemeinschaftsrestaurant mit Dachterrasse, Gemüsegarten und Cateringservice. Inzwischen – Jahre später – ist dieser Traum zu großen Teilen Wirklichkeit geworden. Die tapfere Mariam führt ein Catering-Unternehmen sowie den Foodtruck »Soufra« und bereitet zusammen mit einer Fraueninitiative köstlichste palästinensische Gerichte zu (die sich mit der libanesischen Küche oft überschneiden), wie etwa *Maqlouba* oder *Sumaqqia* (ein Fleischeintopf). Sie verdienen damit ihr Geld, verteidigen ihre Würde und halten ihre Kultur am Leben. Mariam hat es sogar in einen Dokumentarfilm von Thomas Morgan und Susan Sarandon geschafft. Auf Seite 258 findet sich ihr Rezept für köstliches *Fatayer fallahy soufra*. Das alles klingt schlussendlich positiv, klar. Leider ist es ein Ausnahmefall. Es bleibt ein endloser Kampf, aber einer, der von köstlichem Essen umgeben ist. Essen ist Kultur!

** Nichtregierungsorganisationen gibt es in Beirut und im Libanon in großer Zahl, um Hilfe und Aufbauarbeit zu leisten, was die Regierung in so vielen Bereichen versäumt. Sie erhalten Subventionen aus dem Ausland und Spenden. Es sind auch viele internationale NGOs aktiv, wie etwa Save the Children oder das niederländische War Child.*

Das Mezze-Mekka Al Halabi

In meinen Augen ist das Al Halabi, obwohl es außerhalb der Stadt liegt, ein echtes Beirut-Restaurant. Es befindet sich im Vorort Antelias, den man in etwa 15 Minuten mit dem Taxi (ohne Stau) relativ schnell erreichen kann. Ich kehre seit mehr als zehn Jahren dort ein und die Qualität ist immer perfekt. *Mezze* im Al Halabi sind ein Fest für Auge und Zunge, es stimmt einfach alles. Die Zutaten, die Zubereitung, bis ins kleinste Detail. Es gibt noch andere gute *Mezze*-Restaurants in der Stadt (wie etwa Em Sherif, Karam, Sultan, Babel, Le Phenicien), aber wenn

EINE TAFEL VOLLER *MEZZE* BEI AL HALABI

man die Möglichkeit hat, sollte man im Al Halabi vorbeischauen, zu dem mir nur ein Wort einfällt: Respekt! Das Familienunternehmen wird seit 1973 von Familie Halabi geführt und ist somit eines der ältesten Restaurants im Libanon. Der Vater ist verstorben, aber Mutter Hala Halabi steht immer noch (adrett geschminkt) jeden Tag in der Küche und kocht *Fattoush* und andere Gerichte in Perfektion. Ihre Tochter und ihr Sohn, Eliana und Michel, kümmern sich um PR und Management.

Eine echte Kennerin Beiruts

Eine »Libaländerin« oder »Niedernesin«

Wer in den Niederlanden Nachrichten über den Nahen Osten verfolgt, kennt Daisy Mohr aus den Medien: Seit Herbst 2019 ist sie Nahost-Korrespondentin der Rundfunkanstalt NOS. Sie hat an fast allen niederländischen Fernsehproduktionen über Beirut, den Libanon oder Syrien mitgewirkt, so etwa an Dokumentarfilmen von Sinan Çan, Danny Ghosen oder Floortje Dessing. Daisy Mohr kennt so gut wie jedes Viertel und jede Straße in Beirut – von den reichen Wohngegenden bis zu den Lagern und alles dazwischen –, vielleicht besser als viele Einheimische. Daisy kommt ursprünglich aus Amsterdam und lebt seit fast 20 Jahren im Libanon, etwa zehn davon in Beirut (solange ich mit ihr befreundet bin). Ihr Mann Tony ist Libanese, und sie haben mittlerweile drei Kinder miteinander. Daisy ist die perfekte Mischung aus Holland und Libanon, sozusagen eine »Libaländerin« oder »Niedernesin«, wie ich sie nenne. Zeit ist für Daisy ein flexibler Begriff, und Humor ein Muss im Libanon, wo es immer viel zu lachen, aber auch viel zu weinen gibt. »Ich finde es so schön, dass alle hier immer mit Essen beschäftigt sind, oder damit, was sie wann und mit wem essen werden«, erzählt Daisy munter. Und schon klingelt das Telefon, denn es gibt immer etwas, was in Daisys Alltag geregelt werden muss.

Sie wohnt nicht in der Stadt, sondern auf »dem Berg«, wie er in gutem »Niederlibanesisch« genannt wird. An einem atemberaubend schönen Ort mit Blick über die hohen grünen Hänge Broummanas und mit zirpenden Grillen als Gartenmusikanten. Daisy kocht mittlerweile wie eine libanesische Mama (einschließlich helfender Hände, wie es sich gehört). Wir führen immer lange Gespräche über die all die köstlichen libanesischen Gerichte und Rezepte. Und wenn Daisy nach Amsterdam kommt, hat sie immer etwas Leckeres für mich in ihrem Koffer. Was die Ernährung betrifft, ist sie Libanesin geworden. Sie hat das Rezept für das *Fatteh* auf Seite 197 immens beeinflusst. Das Restaurant Al Halabi, dessen *Mezze* man auf dem Foto gegenüber bewundern kann, ist Daisys Favorit, sie wohnt nicht weit davon entfernt.

Adressen

FURN RAS EL NABEH – Eine verborgene Perle von Konditorei, die von Hand gemachte Süßigkeiten verkauft, in schönen Formen. Außerdem köstliche *Ka'ak*, die man hier in runder Form bekommt, eine originelle Abwechslung zu dem berühmten Oval. Diese besondere Bäckerei gibt es schon seit 60 Jahren!

—

Furn Ras el Nabeh, Omar Bin Khattab Street, Ras el Nabeh.

ABOU ABDALLAH – In diesem Familienfrühstücks-Restaurant ist man genau an der richtigen Adresse für köstliches *Foul,* Hummus und *Fatteh.* Man muss nur nach Doura kommen und Hunger mitbringen!

—

Abou Abdallah, Pierre Gemayel Street, Doura.

JABER & JABER – Entlang einer viel befahrenen Straße im Bezirk Ghobeiry findet man diesen tollen Laden, der eine echte Walhalla aus Milchprodukten, *Labneh* und Weißkäse in einer fantastischen Auswahl darstellt. Hier gibt es alle Arten von Halloumi, Flechtkäse, *Akkawi, Kaschkawal* und viele andere Weißkäsesorten. Das Geschäft gehört zu einem Molkereibetrieb, der sich traditionellerweise im Molkereital Beqaa befindet.

—

Jaber & Jaber, Iman el Khomainy, Ghobeiry.

NIMR AL WADI – Rana und Huda haben mich auf köstlichstes *Ka'ak* mit *Kunefa* (knusprig gebackener Engelshaar-Teig mit zart schmelzendem Weißkäse) in dieser Konditorei im Bezirk Tarik el Jdideh eingeladen. Der kleine Laden ist mit Leoparden-Motiv-Tapeten ausgekleidet, das gleiche Motiv ziert auch das Papier, in das man die verschiedenen Köstlichkeiten einwickelt. Ein wenig Kitsch ist in Ordnung, wenn man etwas so glorreich macht! KÖSTLICH, in Großbuchstaben!

—

Nimr al Wadi, Jalloul/ Boustani Street, Tarik el Jdideh.

HELAWAYAT EL DAOUK UND SAFSOUF – Ein Stück weiter in der Nimr al Wadi, also derselben Straße, befinden sich zwei weitere großartige Konditoreien. Solange es sie noch gibt.

—

Helawayat el Daouk und Safsouf, Boustany Street, Tarik el Jdideh.

AL NAWWAR FALAFEL
Die besten Falafel, wenn man in der Nähe von Ain el Remmaneh ist! Tipp von Jade George (siehe Seite 217).

—

Al Nawwar Falafel, Latif Street, Ain el Remmaneh.

RAS NIFA – Ein ganz besonderer Ort, an dem man hauptsächlich gedünsteten Schafskopf isst – oder *Fawareg* (sorgfältig gereinigte Därme, gefüllt mit Fleisch, Reis, Kichererbsen und Gewürzen. Klingt vielleicht etwas abschreckend, ist aber köstlich). Mit Tellern voller frischer Kräuter und Gewürze. Äußerst empfehlenswert. In der Nähe von Haret Hreik, aber gut erreichbar.

—

Ras Nifa, Hadi Hassan Nassrallah Street, Barbir.

MILCH UND KÄSE IM JABER & JABE

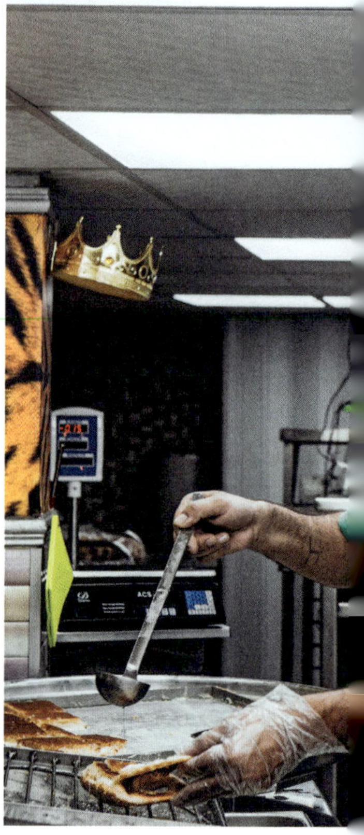

MARIAM SHAAR VOM »SOUFRA«

HUMMUS IM AL HALABI

MEZZE IM AL HALABI

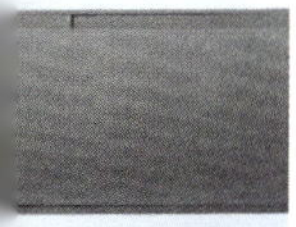

IMR AL WADI

SOUFRAS VERTIKALER GEMÜSE-DACHGARTEN IN BOURJ AL BARAJZNEH

Fatayer fallahy soufra

Fladenbrot-Päckchen mit Zatar-Zwiebel-Füllung

FÜR 4–6 PERSONEN

2 EL Vollmilch

1 TL Hefe oder 1 EL Sauerteig

450 g Weizenmehl Type 405

1 Bund frisches Zatar-Kraut (alternativ Oregano oder Bohnenkraut)

4 gelbe Zwiebeln

Olivenöl

Salz

Sumach

Dieses Rezept steht für eine Kultur, die sich bemühen muss, sich zu zeigen, vor allem im Libanon. Ein palästinensisches *Fatayer* aus Bourj al Barajzneh, einer Gemeinde am südlichen Rande Beiruts, wo Mariam Shaar eine kleine NGO betreibt, mit der sie den Foodtruck »Soufra« ins Leben gerufen hat. Mittlerweile ist ein Film über Mariam und Soufra entstanden, der ihr die wohlverdiente Aufmerksamkeit verschafft. Überschattet wird dieser Erfolg jedoch von dem Elend innerhalb der Gemeinschaft, das sie zu lindern versucht (siehe Seite 253). Es ist ein gutes Beispiel dafür, wie sehr Essen eine Angelegenheit von kultureller Bedeutung ist. Denn auch dieser palästinensische Teil der Stadt ist Bei rut, obwohl er oft ignoriert wird. Die köstlich gefüllten Päckchen leben von dem würzigen Geschmack von frischem Zatar (oder Oregano) und karamellisierten Zwiebeln.

— 250 ml Wasser mit der Vollmilch in einem Topf vermischen und auf lauwarm erhitzen. In eine Rührschüssel geben und die Hefe oder den Sauerteig unterrühren, dann nach und nach das Weizenmehl sowie etwas Wasser einarbeiten und alles etwa 10 Minuten kneten, bis ein schöner Teig entstanden ist. Den Teig zu einer Kugel rollen, dann 30–45 Minuten an einem warmen Ort aufgehen lassen.

— Die Zatar-Blätter (alternativ den Oregano) fein hacken.

— Die Zwiebeln fein würfeln und in einer Pfanne mit etwas Olivenöl in etwa 20 Minuten leicht goldbraun anschwitzen. Mit etwas Salz würzen. Mit den Zatar-Blätten sowie Sumach abschmecken und beiseitestellen.

— Den aufgegangenen Teig in drei gleich große Portionen teilen und diese zu Kugeln rollen. Die Arbeitsfläche großzügig mit Olivenöl einfetten und eine erste Teigkugel darauf mit einer Teigwalze möglichst dünn auswalzen (hauchdünn wie Papier ist ideal). Man kann den Teig auch mit den Händen noch ein wenig dehnen und ziehen. Etwas Zatar-Zwiebeln daraufgeben und zwei Seiten des Teigs zur Mitte hin falten. Erneut etwas Zatar-Zwiebeln daraufgeben und zwei Seiten nach innen falten. So weiter arbeiten, bis ein handliches rechteckiges Päckchen entstanden ist. Die anderen Teigkugeln ebenso zu Päckchen verarbeiten.

— Den Backofen auf 180 °C (Ober-/Unterhitze) vorheizen. Die Päckchen auf einem mit Backpapier ausgelegten Blech in 10 Minuten im Ofen goldbraun backen. Wenden und weitere 5 Minuten backen. (Alternativ in der Bratpfanne in etwas Öl ausbacken). Warm oder kalt genießen.

Ahwe arabi ma mawared w filfil min halab

Libanesischer Eiskaffee mit Orangenblütenwasser und Aleppo-Pfeffer

ERGIBT 4 GLÄSER

3 gehäufte TL Kaffeepulver mit Kardamom*

50 g Zucker

ein paar Stücke Bio-Orangen- und Bio-Zitronenschale, fein abgehobelt

4 TL Aleppo-Pfeffer

Orangenblütenwasser

Eiswürfel

** Im nahöstlichen oder türkischen Lebens-mittelladen gibt es arabischen Kaffee mit oder ohne Kardamom. Die grünen Packungen der Marke Najjar enthalten beispielsweise Kardamom.*

*** Das ist eine typische die Art und Weise, wie man arabischen Kaffee kocht. Man kann ihn auch dreimal aufkochen und die Temperatur jedes Mal wieder auf niedrig stellen. Es sollte eine schöne Schaumschicht entstehen, die Raqwe.*

Am letzten Tag, an dem wir für dieses Buch fotografiert haben, hatte Maaike nach Feierabend die brillante Idee für dieses erfrischende Getränk: arabischer Eiskaffee mit Aleppo-Pfeffer. Ich fügte noch einen Schuss Orangenblütenwasser hinzu (immer eine feine Sache), und flugs war etwas Wunderbares entstanden. Es erinnerte mich ein wenig an die Zitronenlimonade mit Espresso, die ich im Kalei Coffee getrunken hatte. Zumindest war es für uns ein zu hundert Prozent passender Drink für einen schönen Abschluss – *yalla*, wir haben es geschafft! –, auf der Dachterrasse von Nada, die uns so unglaublich großzügig ihr Haus und ihre Küche zur Verfügung gestellt hat. Übrigens halte ich auch einen Schuss würzigen Gin in diesem Eiskaffee für eine ziemlich gute Idee.

— Den libanesischen Kaffee mit 300 ml Wasser in einem arabischen Kaffeekocher oder in einem Kochtopf kurz aufkochen lassen, dann bei schwacher Temperatur 10 Minuten köcheln lassen.** Vollständig abkühlen lassen und durch ein feines Sieb mit Kaffeefilter in eine Karaffe abgießen.

— Den Zucker mit 150 ml Wasser in einen Topf geben und mit den Zitrusschalen sowie dem Aleppo-Pfeffer in 10 Minuten zu einem leichten Sirup einköcheln. Einen Schuss Orangenblütenwasser untermischen.

— Den Sirup auf vier Gläser verteilen, mit etwas Kaffee aufgießen und ein paar Eiswürfel hinzugeben. Nach Belieben noch mit etwas Wasser verdünnen und genießen.

Primaflex
FREEZE FAT

Dank

Dankeschön! Merci! Merci ktir! Thank you! Bhebkon!*

Mit grenzenlosem Dank an diese schöne Stadt Beirut, die mich seit so vielen Jahren immer wieder mit offenen Armen aufnimmt. Dieses Buch zu erstellen war wie eine fantastische Reise! Vielen Dank auch an alle meine großzügigen, lieben Freunde in Beirut, deren Herzen und Häuser mir immer offen stehen. Es ist, als hätte ich durch euch eine neue Familie! Ihr wisst, was ich meine.

Ein besonderes »Merci ktir« – in loser Reihenfolge:

Kamal für all seine Inspiration, seinen Eigensinn und seine immense Großzügigkeit, **Tamar**, weil sie ist, wie sie ist, und weil wir so viel teilen, **Rana**, weil sie selbst so unglaublich offen ist und ich umso mehr Spaß mit ihr habe, je besser ich sie kenne, **Huda**, weil sie als Wirbelwind eine Konstante in meinem libanesischen Leben ist, **Nada**, weil ich sie nach so vielen Jahren in einer neuen schönen Dimension kennengelernt habe und weil sie mir ihr Herz, ihr Haus und ihre Küche auf solche Weise geöffnet hat, das war wirklich fantastisch, **Nathalie**, weil ich dich seit Jahren so süß und gemütlich finde und du meine perfekte Essenspartnerin neben Tamar bist, **Karim**, weil du ein Vorbild bist, was Freundschaft und Leben angeht, **Adib** für deine Freundschaft, deine Großzügigkeit, dein Vertrauen, deinen Stil und deinen Geschmack, und weil wir gemeinsam einen so langen Weg gegangen sind, aber ich glaube, wir sind noch nicht fertig miteinander und der Weg ist immer ein Vergnügen mit dir, **Raya**, die ich durch Adib kennengelernt habe und die ich hoffentlich noch sehr lange und noch besser kennenlernen darf, **Tala**, weil wir uns in vielerlei Hinsicht so gut verstehen und es immer ein Tag, aber vor allem ein Fest ist, einander zu sehen, und für den schönen Stoff *Min Libnen* (»aus dem Libanon« auf Arabisch), **Daisy**, weil sie zur Familie gehört, jawohl, meine libanesische Schwester im Geiste, der ich mich immer so nah fühle, **Marie**, weil wir so viele große Abenteuer zusammen in Beirut erlebt haben und sie für immer in meinem Herzen ist, wo auch immer wir leben, **Maureen**, weil ich eine besondere Verbindung zu ihr fühle und sie ein Vorbild für mich ist, was in Würde älter werden angeht, **Allyson**, weil sie so eine nette verrückte libanesisch-niederländische Frau ist und ich froh bin, sie zu kennen, **Jade**, weil sie eine Quelle der Inspiration ist, deren Arbeit ich seit Jahren mit Bewunderung verfolge, **Lily**, weil sie mich spontan ins Schlepptau genommen und mir ihre Liebe erklärt hat, nachdem sie auf Fernandes Hochzeit meinen *Fattoush* gekostet hatte!

Fernande, weil wir in Beirut so besondere Zeiten durchlebt haben und weil sie in den Fünfzigerjahren den Libanon in einem kolossalen alten Mercedes durchquert hat. **Hester**, weil sie nicht nur meine Botschafterin war, als ich fast ununterbrochen in Beirut war, sondern jetzt auch meine Freundin ist, mit der ich nach wie vor den Libanon feiere. **Saskia**, weil ich mit ihr die Liebe und den Ärger teile. **Tanya**, weil sie eine sehr besondere Person mit eigenen Prinzipien und Visionen ist, die sie und ihre Arbeit einzigartig machen, es war schön, diese Verbindung zu spüren! **Nadia**, weil wir gemeinsam einen Teil des Libanons entdeckt haben, der immer etwas Besonderes sein wird! **Maaike** und **Miriam**, denn ohne sie wäre dieses Projekt nie zustande gekommen. **Miriam**, meine Verlegerin (die beste, die ich mir wünschen könnte), aber auch eine liebe Freundin, die mir großes Vertrauen und Liebe entgegengebracht hat, was mich unglaublich berührt hat. Ich danke dir vielmals. **Maaike**, ja, was soll ich sagen: Ich glaube, du hast einfach deinen eigenen Platz in meinem Kopf, es ist manchmal so, als würdest du die Welt durch meine Augen sehen. Ich danke dir für dein ganzes Wesen, deine bedingungslose Freundschaft und unsere besondere Reise in die Beiruter Küche. **Richie** für sein schönes Design, seinen Stil, seine Musik. Seinen Hüftschwung! **Salim** für seine tollen Illustrationen. **Sofie** für ihre innere Ruhe, ihr scharfes Auge und ihre treffenden Kommentare zu den Texten, ihre Hingabe und ihren enormen Enthusiasmus! **Marjoke** für ihr wunderschönes Geschirr, das sich wie zu Hause angefühlt hat. **Annelies** für ihre eindrucksvolle und schöne Interpretation des Entwurfs! **Wouter** für sein Auge für Details. Und **Said** und **Anaroz**, ihr beiden. **Anaroz**, du wirst beim nächsten Mal viel von Beirut und Zatar kosten, versprochen. **Said**, deine Hingabe und Liebe machen es möglich, dass ich das tun kann! Schließlich meine lieben Eltern **Roel** und **Cocs**, weil sie meine Liebe zum Libanon so gut verstehen und teilen.

*Bchoufak!***

In Liebe,
Merijn

** Ich liebe euch!*

*** Wir sehen uns bald wieder!*

Bildnachweis

Marjoke de Heers prächtige Keramiken auf den Seiten 42, 45, 49, 120, 127, 128 und 130. Es war eine Freude, die Teller aus Marjokes großem Laden/Atelier in Amsterdam Noord auszuwählen. Und vor allem sehr gemütlich! Vielen Dank, liebe Marjoke, für deine Gastfreundschaft und Großzügigkeit!
www. marjokedeheer.com

Rana Salams großartige Designs auf den Seiten 125, 159 und 206.
www. ranasalam.com & www. ranasalamshop.com

Skaff-Stoff Lemon Orchard, Min Libnen Collection auf Seite 128.
www. skaffgroup.com

Illustration von **Salim Azzam** auf Seite 183. **www. instagram.com/ azzamsalim**

Mit Dank an **The Arab Image Foundation** und **Charbel Saad** für das Auffinden schöner historischer Bilder. **www. arabimagefoundation.com**

Und mit posthumem Dank an **Setian Varoujan**, libanesisch-armenischer Fotograf in Beirut, der lange Zeit auch der offizielle Fotograf von Fairuz war. In der niederländischen Dokumentation *We Loved Each Other So Much* (Jack Janssen) kann man auch ihn sehen.

Die Platte auf Seite 259 für das Foto des *Fatayer fallahy* besteht aus recyceltem Glas, hergestellt von **Adib Dada**. **www. theotherdada.com**

Zum Weiterlesen

Beirut, a guide to the city von Carole Corm (mit vielen Hintergrundinformationen und Geschichtlichem).

The Monocle Travel Guide: Beirut (mit viel Wissenswertem zu Kultur, Design, Architektur).

Beirut von Samir Kassir (für diejenigen, die sich in die Geschichte vertiefen wollen, das Buch behandelt auch den Bürgerkrieg. Ein einzigartiges Dokument eines großen Journalisten, der in der Innenstadt von Beirut lebt).

Rezeptregister

Register der Adressen, Orte und Personen